edition suhrkamp

Redaktion: Günther Busch

Herbert Marcuse, geboren am 19. Juli 1898 in Berlin, lebt heute in Kalifornien (USA). Schriften: *Hegels Ontologie und die Grundlegung einer Theorie der Geschichtlichkeit* 1932; *Reason and Revolution* 1941 (dtsch.: *Vernunft und Revolution* 1962); *Eros and Civilization* 1955 (dtsch: *Triebstruktur und Gesellschaft* 1966); *Sovjet Marxism* 1958 (dtsch.: *Die Gesellschaftslehre des sowjetischen Marxismus* 1964); *One-Dimensional Man* 1964 (dtsch.: *Der eindimensionale Mensch* 1967); *Kultur und Gesellschaft I und II* 1965; *Kritik der reinen Toleranz* (gemeinsam mit R. P. Wolff und B. Moore) 1966; *Ideen zu einer kritischen Theorie der Gesellschaft* 1969; *An Essay on Liberation* 1969 (dtsch.: *Versuch über die Befreiung* 1969); *Counterrevolution and Revolt* 1972 (dtsch.: *Konterrevolution und Revolte* 1973); *Zeit-Messungen* 1975; *Die Permanenz der Kunst* 1977.

Am 19. Juli 1978 wird Herbert Marcuse 80 Jahre alt. Aus diesem Anlaß und um einen der letzten lebenden Repräsentanten der Gründergeneration der Kritischen Theorie zu ehren erscheint dieser Band mit Protokollen von Gesprächen, die allesamt im vergangenen Jahr geführt und aufgezeichnet worden sind – Gespräche über Fragen der politischen Philosophie und der Ästhetik, über das Verhältnis von Psychoanalyse und Kritischer Theorie, über das Selbstverständnis der Linken in Europa und ihre Organisationsprobleme, über die Emanzipation der Frauen und die Rolle der Protestbewegung, Themen, die Marcuse nachdrücklich beschäftigt haben und die in ihrer theoretischen Entfaltung und in ihrer politischen Bedeutungsbestimmung ihrerseits von Marcuses Denken unverkennbar geprägt worden sind.

Gespräche mit Herbert Marcuse

Gesprächsteilnehmer: Herbert Marcuse, Jürgen Habermas, Tilman Spengler, Silvia Bovenschen, Marianne Schuller, Berthold Rothschild, Theo Pinkus, Erica Sherover, Heinz Lubasz, Alfred Schmidt, Ralf Dahrendorf, Karl Popper, Rudi Dutschke, Hans Christoph Buch

Suhrkamp Verlag

edition suhrkamp 938
Erste Auflage 1978

Satz, in Linotype Garamond, Druck und Bindung bei Georg Wagner, Nördlingen. Gesamtausstattung Willy Fleckhaus.

Inhalt

Theorie und Politik

Gesprächsteilnehmer: Herbert Marcuse, Jürgen Habermas, Heinz Lubasz, Tilman Spengler 9

Weiblichkeitsbilder

Gesprächsteilnehmer: Herbert Marcuse, Silvia Bovenschen, Marianne Schuller 65

Die Salecina-Gespräche

Gesprächsteilnehmer: Herbert Marcuse, Erica Sherover, Berthold Rothschild, Theo Pinkus 91

Radikale Philosophie: die Frankfurter Schule

Gesprächsteilnehmer: Herbert Marcuse, Heinz Lubasz, Alfred Schmidt, Karl Popper, Ralf Dahrendorf, Rudi Dutschke 121

»So sieht in der bürgerlichen Gesellschaft der Fortschritt aus. . .«

Gesprächsteilnehmer: Herbert Marcuse und Hans Christoph Buch 143

Theorie und Politik

Gesprächsteilnehmer: Herbert Marcuse,
Jürgen Habermas, Heinz Lubasz, Tilman Spengler

I.

HABERMAS Herbert, wir haben ja vor neun Jahren zu Ihrem 70. Geburtstag eine kleine Antifestschrift zusammengestellt, von Marcuse-Anhängern und Marcuse-Kritikern. Das war in einem Kontext, der sehr viel politischer war als der heutige. Deswegen gab es damals auch scharfe Töne wie in jeder politischen Auseinandersetzung. Ich finde, daß im allgemeinen der heutige Kontext, verglichen mit dem damaligen, zu bedauern, aber für Zwecke unseres Gesprächs wiederum auch nicht so unangenehm ist: wir können hier sommerlich entspannt einen Schritt zurücktreten und ...

MARCUSE Da möchte ich doch protestieren.

HABERMAS Gut, gut.

MARCUSE Ja, ich meine, wir sollten uns nicht einreden, daß wir heute von der Politik absehen oder die Politik aufs Nebengeleis stellen könnten, bis wir wieder mal Laune oder Zeit finden für ein politisches Gespräch.

HABERMAS Ich denke, daß wir heute ein politisches Gespräch, eine politische Diskussion führen werden ...

MARCUSE Ja.

HABERMAS Aber eine, die nicht von unmittelbaren Konstellationen dieser oder jener Fraktionskämpfe bestimmt sein muß.

MARCUSE Das sicher nicht.

HABERMAS Das hat ja auch einen Vorzug. Wir haben z. B. Zeit, mit einem kleinen biographischen Rückblick anzufangen. Dann würde ich ganz gern auf zwei, drei philosophisch-theoretische Fragen kommen, um erst am Schluß im engeren Sinne politisch zu diskutieren. Sie wissen, daß mich (schon wegen biographischer Ähnlichkeiten) immer Ihr Übergang von Heidegger zu Horkheimer, wenn ich das so sagen darf, interessiert hat. Lassen Sie mich anfangen mit einigen Fragen, die Ihre Freiburger Zeit betreffen, überhaupt die Jahre nach 1918. Zunächst einmal, 1932 ist Ihre Habilitationsschrift über Hegels Ontologie erschienen, das ist eine Untersuchung, die bis in den Titel hinein von Heideggerschen Problemstellungen geprägt gewesen ist. Im selben Jahr haben Sie in der Zeitschrift *Die Gesellschaft* die damals wiederentdeckten Marx-Texte über Nationalökonomie und Philosophie kommentiert, und ein Jahr später ist im *Archiv für Sozialwissenschaft* der Aufsatz über die »philosophischen Grundlagen des wirtschaftswissenschaftlichen Arbeitsbegriffs« erschienen. Das sind beides, so würden wir es wohl auch heute noch sehen, marxistische Arbeiten. Wie hat sich das miteinander vertragen, die Heideggersche Gedankenwelt und der Marxismus?

MARCUSE Ich glaube, daß der Übergang von dem, was Sie Heideggersche Gedankenwelt nennen, zum Marxismus kein persönliches Problem war, sondern ein Generationenproblem. Entscheidend war das Scheitern der deutschen Revolution, das meine Freunde und ich eigentlich schon 1921, wenn nicht sogar noch früher, mit der Ermordung von Karl und Rosa erlebt haben. Es schien nichts da zu sein, womit man sich hätte identifizieren können. Da kam der Heidegger, 1927 erschien *Sein und Zeit*. Ich hatte damals mein erstes Studium beendet, 1922 den Doktor gemacht, hatte eine Zeitlang in einem Antiquariat und Verlag in Berlin gearbeitet, war aber immer noch auf der Suche. Was geschieht nach dem Scheitern der Revolution? Eine Frage, die für uns ganz entscheidend war. Philosophie wurde damals durchaus gelehrt, die akademische Szene war beherrscht vom Neukantianismus, Neuhegelianismus, und da plötzlich erschien *Sein und Zeit* als eine wirklich konkrete Philosophie. Da war die Rede vom »Dasein«, von »Existenz«, vom »Man«, vom »Tode«, von der »Sorge«. Das schien uns anzugehen. Das dauerte bis ungefähr 1932. Dann haben wir allmählich gemerkt – und ich sage »wir«, weil es eben wirklich nicht nur eine persönliche Entwicklung war –, daß diese Konkretion ziemlich falsch war. Das, was Heidegger getan hat, war im wesentlichen, die Husserlschen Transzendentalkategorien zu ersetzen durch seine eigenen Transzendentalkategorien, d. h. anscheinend so konkrete Begriffe wie Existenz, Sorge wurden wieder verflüchtigt zu schlecht abstrakten Begriffen. Während der ganzen Zeit hatte ich schon

Marx gelesen und habe fortgefahren, Marx zu lesen, und dann kam das Erscheinen der *Ökonomisch-philosophischen Manuskripte.* Das war wahrscheinlich die Wende. Hier war in einem gewissen Sinne ein neuer Marx, der wirklich konkret war und gleichzeitig über den erstarrten praktischen und theoretischen Marxismus der Parteien hinausging. Und von da ab war das Problem Heidegger versus Marx für mich eigentlich kein Problem mehr.

HABERMAS Sie sagen, Heidegger erschien, als er mit *Sein und Zeit* auftrat, als jemand, der eine konkrete Philosophie angeboten hat.

MARCUSE Ja.

HABERMAS Gerade wenn man aus einem marxistischen Interessenspektrum auf Heidegger sieht, fällt doch eher auf, daß hier ein transzendentales oder quasi-transzendentales, eben fundamentalontologisches Begriffsystem entwickelt wird für die Bedingung *von* Geschichte, für Geschichtlichkeit, aber gerade nicht für das Begreifen eines materiellen Geschichtsprozesses.

MARCUSE Ja, bei Heidegger. In der Beschäftigung mit der Geschichtlichkeit verflüchtigt sich die Geschichte.

HABERMAS Trotzdem haben Sie damals an diese Fundamentalontologie angeknüpft und haben auch in diesen frühen Schriften, in den *Philosophischen Heften* und dann in den beiden erwähnten Aufsätzen, versucht, den ontologischen Rahmen in der Weise zu mobilisieren, daß Sie entfremdete Arbeit versus nicht-entfremdete Arbeit in diesen Begriffen formuliert haben.

MARCUSE Ja, aber das war nicht mehr Heidegger. Das war eine Ontologie, die ich bei Marx selbst entdecken zu können glaubte.

HABERMAS War es so, daß Ihre politischen Grundpositionen festlagen seit 1918 und daß die eigentlich philosophischen Impulse erst nach und nach integriert worden sind mit politischen Auffassungen, oder ist das eher ein dialektischer Prozeß gewesen? Sie waren doch sogar in der Rätebewegung aktiv?

MARCUSE Ich war involviert eine kurze Zeit, ich war Mitglied des Soldatenrats in Berlin-Reinickendorf 1918, ich bin sehr sehr schnell aus diesem Soldatenrat wieder ausgetreten, als man dazu überging, ehemalige Offiziere hineinzuwählen, und habe dann eine ganz kurze Zeit der SPD angehört, bin da aber auch nach dem Januar 1919 wieder ausgetreten. Ich meine, daß meine politische Haltung in dieser Zeit festgelegt war in dem Sinne, daß sie kompromißlos gegen die Politik der SPD gerichtet, also in diesem Sinne revolutionär war.

HABERMAS Welche Rolle haben der Lukács von *Geschichte und Klassenbewußtsein* und der Korsch von *Marxismus und Philosophie* für Sie gespielt? Das müssen Sie vor Heidegger kennengelernt haben.

MARCUSE Lukács habe ich vor Heidegger gelesen und kennengelernt, ja, Korsch, glaube ich, auch. Beide sind Beispiele dafür, im Marxismus mehr zu sehen als eine politische Strategie und eine politische Zielsetzung; bei beiden gibt es das, was Sie Ontologie genannt haben, die auf eine mehr oder weniger implizite ontologische Grundlage im Werk von Marx zurückweist.

HABERMAS Wie sind Sie ans Institut gekommen?

MARCUSE Zufall. Durch Kurt Riezler, der damals Kurator der Frankfurter Universität und ein Freund von Horkheimer war. Ich weiß nicht mehr, wie ich Riezler kennengelernt habe, jedenfalls hat er die Verbindung zwischen dem Institut und mir vermittelt. Das war Ende 1932. Er war selbst ein Heideggerfreund.

HABERMAS Ah, das wußte ich nicht.

MARCUSE Ja, er hat ein Buch über Parmenides geschrieben, das ganz heideggerisch ist. Er hat in seiner Person und in seinem Werk die Verbindung zwischen Institut auf der einen Seite und Heidegger auf der anderen Seite hergestellt; sonst war da keine Verbindung.

HABERMAS Kannten Sie das Institut, was wußten Sie vom Institut 1932?

MARCUSE 1932 war vom Institut nur erschienen der erste Band der *Zeitschrift für Sozialforschung*. Das war das einzige, was ich wußte. Ich wollte dringend ans Institut gehen wegen der politischen Situation. Es war ganz klar, Ende 1932, daß ich mich niemals unter dem Nazi-Regime würde habilitieren können. Und das Institut hatte damals schon Vorbereitungen getroffen zu emigrieren, mit der Bibliothek usw.

HABERMAS Sie haben Horkheimer damals getroffen?

MARCUSE Ich war Ende 1932 in Frankfurt, habe aber nur

Leo Löwenthal getroffen, nicht Horkheimer, und Löwenthal hat dann sozusagen die Vermittlerrolle gespielt zwischen mir und Horkheimer.

HABERMAS Sie haben Horkheimer überhaupt erst ...

MARCUSE ... ich glaube in Genf, 1933, kennengelernt.

HABERMAS Und dann kam es zu einer Zusammenarbeit nicht vor New York?

MARCUSE Zu einer richtigen Zusammenarbeit ist es nicht vor New York gekommen.

HABERMAS Können Sie sagen, was in dieser für Sie doch neuen theoretischen Umgebung damals intellektuell der stärkste Anstoß war zu einer Umorientierung und Fortentwicklung Ihrer Gedanken?

MARCUSE Ja. Erstens: die immerhin weitgehend unabhängige Erörterung des Marxismus, der Marxschen Theorie. Zweitens: die ausgezeichnete Analyse der politischen Situation. Niemand im Institut hat z. B. daran gezweifelt, daß Hitler an die Macht kommen würde und daß er, wenn er einmal an der Macht wäre, unvorhersehbare Zeit auch an der Macht bleiben würde. Und drittens: die Psychoanalyse. Ich hatte Freud schon vorher gelesen, aber meine systematische Beschäftigung mit Freud begann erst im Institut.

HABERMAS Welche Rolle spielte Fromm in dem Zusammenhang?

MARCUSE Sie wissen wahrscheinlich aus eigener Erfahrung, daß die Organisation des Instituts einigermaßen hierarchisch war und autoritär.

HABERMAS Ich kann das bestätigen.

MARCUSE Ich gehörte damals zu den marginalen Erscheinungen im Institut und wurde zu den wichtigen, großen Beratungen nicht hinzugezogen, also konnte ich die Interna nur indirekt erschließen. Der wirkliche Grund für Fromms Entfernung vom Institut war seine Entmannung der Freudschen Theorie, besonders die Revision des Freudschen Begriffs der Triebstruktur. Ob persönliche Dinge mitgespielt haben, darüber kann ich nur Vermutungen anstellen, ich weiß es nicht.

HABERMAS Für Sie hat also erst in dieser Zeit Freud in dem Sinn eine Rolle gespielt, daß eine marxistische Sozialpsychologie als eine Möglichkeit ...

MARCUSE ... als eine Notwendigkeit empfunden wurde, als eine Notwendigkeit. Was hinter all diesen Arbeiten stand, war die Wirklichkeit des Faschismus. Und die Wirklichkeit des Faschismus mußte erklärt werden in Begriffen der Marxschen Theorie, nicht ad hoc zurechtgemacht, sondern aus der Marxschen Theorie selbst entwickelt. Und dazu schien eben in der Psychoanalyse eine ganze Tiefenschicht menschlichen Verhaltens aufgedeckt, die vielleicht einen Schlüssel liefern konnte zur Beantwortung der Frage, warum es 1918/19 schiefgegangen war. Warum wurde das geschichtlich außerordentliche Revolutionspotential damals nicht nur nicht genutzt, sondern für Jahrzehnte verschüttet, ja geradezu vernichtet? Die Psychoanalyse, besonders Freuds Metapsychologie, schien da bei der Klärung der Ursachen zu helfen.

LUBASZ Warum war eigentlich das Institut dem Revisionismus von Erich Fromm so abhold? D. h. warum hat man damals vermutet, daß durch das Abgehen von einer strikten triebstrukturellen Interpretation der Psychoanalyse etwas verlorengehen würde?

MARCUSE Der zentrale Punkt war und ist der explosive Inhalt der Freudschen Theorie der Instinkte – also nicht die Rückverwandlung, sondern die Verengung der Psychoanalyse zur Praxis unter Aufopferung der entscheidenden Theorieimpulse. Fromm war meiner Meinung nach einer der ersten, die die explosiven Elemente der Freudschen Theorie ausgeschaltet haben.

HABERMAS Ich wüßte ganz gern, ob Sie nicht retrospektiv dem Beitrag Unrecht tun, den Fromm sogar für die Entstehung der Kritischen Theorie, wie sie sich in New York entwickelt hat, geleistet hat.

MARCUSE Ich fürchte, Sie haben recht – was den »frühen« Fromm betrifft.

HABERMAS War nicht das Programm einer marxistischen Sozialpsychologie von Fromm überhaupt in das Institut eingebracht worden, Ende der 20er Jahre schon? Sie waren damals nicht in Frankfurt, ich kann also nur fragen nach den Eindrücken, die sich für Sie ergaben in der ersten New Yorker Zeit. War es nicht, gewiß von Horkheimer herausgefordert, doch Fromm, der in einer eigenen und für die Kritische Theorie entscheidenden Variante eine Vermittlung von Marx und Freud versucht hat, d. h. klargemacht hat, daß der subjektive Faktor nicht mit einigen trivialpsychologischen Annahmen bestimmt werden kann, sondern eine, wie soll ich sagen, Integration der Grundbegrifflichkeiten der Psychoanalyse und des Marxismus verlangt? Ist nicht das Fromm-Bild stark geprägt von der späteren Auseinandersetzung mit dem Revisionisten Fromm und kommt dabei der Beitrag, den er in der Formationsperiode der Kritischen Theorie geleistet hat, nicht zu kurz?

MARCUSE Ja, ich gebe das ohne weiteres zu. Und die Beschreibung, die ich gegeben habe, war, wie Sie ja gesagt haben, von der Position des späten Fromm eingefärbt. Der frühe Fromm, also, sagen wir mal, bis – wann ist das Buch *Flucht vor der Freiheit* erschienen?

LUBASZ 1940.

MARCUSE Wann? Nein, das Buch haben wir schon sehr scharf kritisiert. Aber die frühen Arbeiten von Fromm, besonders über das Christusdogma, und dann die ersten Aufsätze in der *Zeitschrift*, die sind aufgenommen worden als eine radikale marxistische Sozialpsychologie. Das ist richtig.

HABERMAS Können wir, da das jetzt ein aktuelles Thema zu werden scheint, noch ein bißchen auf die Arbeitsweise des Instituts in der New Yorker Zeit eingehen? Es gibt eine Gruppe hier in München um Herrn Dubiel, die sich mit dieser Phase der Institutsarbeit beschäftigt, und zwar unter Gesichtspunkten der Wissenschaftsorganisation. Vielleicht lese ich mal ein paar Sätze vor. Die These, die Herr Dubiel in seiner Arbeit *Wissenschaftsorganisation und politische Erfahrung. Fallstudien zur Struktur und Geschichte der frühen Kritischen Theorie* aufgestellt, ist kurz die folgende: »Die Unterscheidung von Forschung und Darstellung« – Dubiel bezieht sich hier auf Bemerkungen, die Marx über den Aufbau des *Kapital* gemacht und die Horkheimer aufgenommen hat in seiner Antrittsrede, als er 1930 von Grünberg das Institut übernahm –, »die Horkheimer mit der Unterscheidung von fachwissenschaftlicher Analyse und philosophischer Konstruktion identifizierte, bildete die forschungsorganisatorische Substruktur der wissenschaftlichen Arbeit von Horkheimers Mitarbeiterkreis. Diese Substruktur bestand in der Differenzierung von kognitiven Rollen nach Maßgabe der Funktion von Forschung und

Darstellung und einer spezifischen Verkettung dieser Funktionen im Forschungsprozeß selbst. Diese forschungsorganisatorische Struktur läßt sich in der Struktur des Kreises leicht identifizieren. Horkheimer beanspruchte die Funktion der Darstellung systematisch für sich, während seine Mitarbeiter auf die darauf bezogene Funktion fachwissenschaftlicher Dienstleistungen verpflichtet wurden.«

MARCUSE Nein, also das ist eine unzulässige Trennung, eine völlig undialektische Trennung von Forschung und Darstellung, die im Institut wirklich nicht geübt worden ist. Es ist keineswegs so, daß Horkheimer die philosophische Anregung und Integrierung leistete und die Mitarbeiter sozusagen auf die Darstellung seiner Gedanken verwiesen wurden. Keineswegs. Jeder der Mitarbeiter hat gleichzeitig den hier für Horkheimer reservierten Bereich ebenfalls genutzt.

HABERMAS Dubiel sagt, Horkheimer habe von der diktatorischen Kompetenz des Institutsdirektors, auf die er explizit Wert legte, in folgender Weise Gebrauch gemacht. Er habe die philosophisch-politischen Fragestellungen, die aus einer Reflexion der geschichtlichen Situation stammten, entwickelt und festgelegt, über welche Themen gearbeitet werden sollte, ungefähr in welcher Interpretationsperspektive darüber gearbeitet werden sollte. Zweiter Schritt dann ...

MARCUSE Er hat sie vorgeschlagen, nicht festgelegt.

HABERMAS Das ist schon eine wichtige Modifikation.

MARCUSE Er hat dabei natürlich aufgrund seiner Stellung eine gewisse Übermacht gehabt. Aber die Sachen wurden, bevor man an die Ausarbeitung ging, selbstverständlich diskutiert. Wollen mal sehen, ob mir ein Beispiel einfällt.

HABERMAS Sie haben damals den Aufsatz über ...

MARCUSE ... den liberalen und den totalitären Staat ...

HABERMAS ... ja, da war doch eine ...

MARCUSE ... eine Rede Hitlers, die Rede vor dem Düsseldorfer Industrieklub, die wurde bekannt, und dann hat Horkheimer die Mitarbeiter zusammengerufen und auf Zeitungsartikel hingewiesen und die Frage gestellt, ob etwas und was an dieser Rede so bedeutsam sei, daß man es zum Gegenstand einer mehr oder weniger selbständigen Untersuchung und Darstellung machen sollte. Das wurde diskutiert und dann die Entscheidung gefällt. Horkheimer hat nicht diktatorisch gesagt: Jetzt wird darüber gearbeitet.

HABERMAS Man konnte Pollock und Grossmann als Ökonomen betrachten, Fromm als Psychologen, Löwenthal als Literaturtheoretiker, Adorno und Marcuse als Ideologiekritiker usw. Hat eine Arbeitsteilung zwischen diesen Fachwissenschaftlern und Horkheimer bestanden, der die philosophische Generalperspektive entworfen und vorgeschlagen und später auch wieder in der Darstellung der Ergebnisse zur Geltung gebracht hat? Dubiel sagt, man müsse nur die einzelnen Nummern der *Zeitschrift für Sozialforschung* anschauen: alle Nummern sind von Horkheimer eingeleitet worden, und Horkheimer hat sogar Kommentare gegeben, etwa zu Pollocks Aufsätzen ...

MARCUSE Pollock hat ja den Aufsatz geschrieben über den Staatskapitalismus, der meiner Meinung nach einer der allerersten Versuche war zu zeigen, daß der Spätkapitalismus aus inneren Gründen, aus rein ökonomischen Gründen nicht zusammenbrechen wird. Aber die Marxsche Kritik der politischen Ökonomie ist eben keine Einzelwissenschaft, man kann sie nicht als Einzelwissenschaft der philosophischen Integrierung gegenüberstellen, was immer das auch sein mag.

HABERMAS Das gilt ...

MARCUSE ... genauso später für Neumann und Kirchheimer. Was sie betrieben, war nicht Einzelwissenschaft im Sinne der empirischen und in Bereiche abgegrenzten Forschung.

HABERMAS Mir scheint auch, daß Dubiel und seine Mitarbeiter einen zu scharfen Schnitt legen zwischen den integrativen Perspektiven des Philosophen Horkheimer und den sogenannten Einzelwissenschaftlern. Sie meinen also, bereits die sogenannten Einzelwissenschaftler haben eine marxistisch inspirierte Sozialwissenschaft betrieben ...

MARCUSE Ja ...

HABERMAS ... die von sich aus auf die Integration der verschiedenen Aspekte, der sozialpsychologischen, ökonomischen und staatstheoretischen Aspekte, angelegt war.

MARCUSE Genau, ich meine, daß bis zum Ende die Marxsche Theorie selbst die integrierende Kraft war, die verhindert hat, daß z. B. ökonomische Probleme *nur* als einzelwissenschaftliche Probleme behandelt und erörtert wurden.

HABERMAS Vielleicht könnten wir an dieser Stelle einmal

kurz betrachten, wie damals im Institut zusammengearbeitet wurde. Was heißt überhaupt »Institut«, das waren zwei Räume in der Columbia University?

MARCUSE Das war ein ganzes Haus in der 117. Straße. Das Haus gehörte der Columbia University und wurde dem Institut zur Verfügung gestellt.

HABERMAS Und wie sah die Arbeit aus, ich meine die Zusammenarbeit? Wie muß man sich die vorstellen?

MARCUSE Daß mehr oder weniger die Probleme und die Auswahl von Beiträgen von den Mitarbeitern für die *Zeitschrift* diskutiert wurden in Horkheimers Büro. Es beteiligte sich, wer gerade da war, Pollock, Löwenthal, die waren beide immer da, später kam Adorno hinzu, auch ich. Und, ja, da setzte sich schon die hierarchische Gliederung durch. Es bestand definitiv eine Kluft – auf der einen Seite Neumann, Kirchheimer, Grossmann und auf der anderen Seite die, die ich eben aufgezählt habe. Das war eine nicht von der Sache geforderte, sondern von der mehr oder weniger persönlichen Organisation ausgehende Diskriminierung.

HABERMAS Man könnte sagen, daß der engere Kreis zusammenfällt mit dem Kreis der Leute, die Horkheimers Intentionen am nächsten standen, seinen theoretischen Intentionen?

MARCUSE Ja, das kann man sagen.

HABERMAS Wie spielte sich das nun ab? Die *Zeitschrift* war der organisatorische Mittelpunkt?

MARCUSE Definitiv, ja.

HABERMAS So daß sich eigentlich alles in Form von Redaktionssitzungen abspielte?

MARCUSE Allerdings. Die Manuskripte wurden vorgelegt, zuerst Löwenthal, dann gingen sie zu Horkheimer und wurden dann noch mal diskutiert.

HABERMAS Gab es Seminare?

MARCUSE Regelmäßig? Nein. Seminare gab es, aber sie waren nicht beschränkt auf das interne Institut. Sie fanden im Rahmen von Abendvorlesungen statt, die an der Columbia University gehalten wurden.

HABERMAS Und da kamen auch Gäste?

MARCUSE Da kamen auch Studenten von der Columbia University.

HABERMAS Und als Vortragende nur Institutsmitglieder?

MARCUSE Ich glaube, ja.

HABERMAS Und das diente eher den Public relations, ich meine der Außendarstellung, um zu zeigen, daß Sie da waren.

MARCUSE Ja.

HABERMAS Hat sich das Institut jemals, sagen wir, lokalisiert im Verhältnis zu stärker politisch organisierten Gruppen der Emigration?

MARCUSE Das war streng untersagt. Horkheimer hat von Anfang an darauf bestanden, daß wir Gäste der Columbia University sind, Philosophen und Wissenschaftler. Irgendeine organisatorische Bindung konnte die prekäre administrative Grundlage des Instituts erschüttern. Also, von solchen Zusammenhängen konnte keine Rede sein.

HABERMAS In welche Perspektive haben Sie denn in der zweiten Hälfte der 30er Jahre gearbeitet? Die *Zeitschrift* erschien auf deutsch, bis 1940, glaube ich. Offensichtlich hatten Sie nicht das Ziel, in Amerika wirksam zu werden mit Ihrer Theorie. Hatten Sie bereits die Perspektive auf ein Deutschland nach dem Zusammenbruch des Faschismus?

MARCUSE Ich habe mir die Frage nie vorgelegt. Ich möchte jetzt antworten: nein, diese Perspektive gab es nicht. Die Perspektive war: Wir werden hier in Amerika, hoffentlich, bleiben können für absehbare Zeit, wir müssen uns darauf einrichten. Der Gedanke, daß eine Rückkehr nach einem nichtfaschistischen Deutschland sozusagen vor der Tür stand, wurde nicht gedacht.

LUBASZ Wie hat man sich zu jener Zeit die Verbindung zwischen der sich im Aufbau befindenden Theorie und einer möglichen Praxis vorgestellt, oder wurde das ausgeklammert?

MARCUSE Wieder dieselbe Antwort: Wenn mit Praxis politische Betätigung in einer Organisation oder für eine Organisation gemeint ist: nein, es war nicht davon die Rede, daß man sich mit Gruppen identifizieren konnte, die politisch aktiv waren. Niemand im Institut hat z. B. jemals angenommen, daß nach dem Faschismus, wenn die SPD oder eine andere bürgerliche Partei zur Macht käme, die Sache wesentlich anders würde, daß dann eine revolutionäre Situation entstehen würde. Das Problem »Philosophie und Praxis«, wie es 1968 dann explodierte, war damals suspendiert.

HABERMAS Können Sie sagen, warum das Institut sich aufgelöst hat, warum Horkheimer und Adorno nach Kalifornien gegangen sind? Hatte das auch innere Gründe, hatte das Gründe, die in der Theorieentwicklung lagen, war man an ein Ende gekommen?

MARCUSE In gewissem Sinne war man an ein Ende gelangt, und man war zugleich an einen Anfang gekommen. Das ist ein sehr interessantes Phänomen. Das Ende war, daß sich weder Horkheimer noch Adorno, um die beiden Hauptfiguren zu nennen, jemals mit dem amerikanischen Wissenschaftsbetrieb wirklich befreunden konnten. Das war für sie alles mehr oder weniger Positivismus, Psychologismus usw. Andererseits ist es immerhin aufschlußreich, daß Horkheimer und Adorno Amerika genau zu dem Zeitpunkt verließen, als das Institut, seine Theorie und seine Arbeit in Amerika Erfolg hatten und gewürdigt wurden, nämlich nach dem Erscheinen von *Authoritarian Personality.* Auf einmal, über Nacht, war die Arbeit des Instituts ein unentbehrlicher Bestandteil des amerikanischen Wissenschaftsbetriebs. Und da sind sie weggegangen.

HABERMAS Nun kann man allerdings sagen, daß die Diskussion über die A-Scale und die F-Scale nicht eigentlich eine Diskussion über Kritische Theorie war.

MARCUSE Nein, aber das Buch hat ja, wenn ich mich recht erinnere, auch eine lange Einleitung von Adorno.

HABERMAS Nochmal zurück zu 1940/41. Warum hörte das in Columbia auf? Warum gingen die beiden nach Kalifornien? Das war doch der Verzicht auf die Fortsetzung der *Zeitschrift*, nicht? Warum?

MARCUSE Ich glaube, Horkheimer hatte, wenn ich mich nicht täusche, politische Ängste, daß selbst in Amerika der faschistische Trend so stark würde, daß das Institut als solches gefährdet würde.

HABERMAS Können Sie, da es darüber in den Jahren nach 1968 Gerüchte gegeben hat, etwas über Ihre Tätigkeit unmittelbar nach dem Ende des Krieges, als Sie als Offizier der US-Armee nach Deutschland zurückkamen, berichten?

MARCUSE Ich war zuerst in der Politischen Abteilung der OSS und dann in der Division of Research and Intelligence of the State Department. Meine Hauptarbeit war die Identifizierung von Gruppen in Deutschland, mit denen man nach dem Kriege zur Rekonstruktion zusammenarbeiten konnte; und die Identifizierung von Gruppen, die als Nazis zur Rechenschaft gezogen werden sollten. Es gab da ein großes Entnazifizierungsprogramm. Es wurden Listen aufgestellt, basierend auf exakter Forschung, Berichten und Lektüre der Presse und was immer sonst noch, von denen, die als Nazis nach dem Kriege zur Verantwortung gezogen werden sollten. Es hieß später, ich sei ein CIA-Agent gewesen.

HABERMAS Ja, ja.

MARCUSE Was Blödsinn ist, denn die OSS durfte noch nicht mal in die Nähe des CIA. Beide haben sich immer wie Gegner bekämpft.

HABERMAS Meine Frage hat ja nicht nur den Sinn, diesen Blödsinn vom Tisch zu bringen, sondern auch den, politisch zu klären, was denn eigentlich aus Ihren Vorschlägen geworden ist. Haben Sie den Eindruck, daß das, was Sie da getan haben, irgendeine Folge hatte?

MARCUSE Das Gegenteil. Diejenigen, die wir z. B. als »ökonomische Kriegsverbrecher« an der ersten Stelle der Liste hatten, waren sehr bald wieder in den entscheidenden verantwortlichen Positionen der deutschen Wirtschaft wiederzufinden. Hier Namen zu nennen, ist sehr leicht.

HABERMAS Vielleicht schließen wir diesen Teil unserer Diskussion ab. Nur noch eine Frage: Ich habe mir überlegt, wer denn außerhalb des Frankfurter Einzugsbereichs für Sie eine Figur gewesen sein könnte, die zu intellektueller Auseinandersetzung gereizt hat. Ich bin da nur auf Sartre gestoßen.

MARCUSE Richtig.

HABERMAS Welche Bedeutung hat Sartre für Sie gehabt? Die Spuren sind ja bis zum *Eindimensionalen Menschen* zu sehen.

MARCUSE Das ist eine späte oder verspätete Beschäftigung mit einer wirklich konkreten, nicht nur scheinkonkreten Ontologie. Das kann man ganz spezifisch zeigen. Bei Heidegger ist das Dasein neutral, d. h. ein abstrakter Begriff. Bei Sartre ist das Dasein z. B. in zwei Geschlechter gespalten – ein ganzer Bereich, der bei Heidegger überhaupt nicht vorkommt. In *L'Être et le Néant* gibt es z. B. eine wirklich charmante Phänomenologie des Popos. Das hat mir gefallen.

HABERMAS Ja, auch Leute, die blicken können, müssen mindestens Augen haben.

MARCUSE Bei Sartre gibt es wirklich eine konkrete Philosophie. Das hat sich dann auch bewahrheitet, denn der Weg von *L'Être et le Néant* zu dem ›politischen‹ Sartre ist ja ein sehr kurzer.

HABERMAS Sie betonen, daß das, was Sie von Freud gelernt haben, hier auf anderem Wege auch in eine linke Heidegger-Tradition Einzug gehalten hat, etwa bei Sartre. Ich habe diese Sache immer ein wenig anders gesehen. Ich glaube, daß Sie wirklich den Sartre, und zwar den Sartre von *Marxismus und Existentialismus*, in entscheidenden Dingen vorweggenommen haben in den frühen 30er Jahren. Ihr Versuch eines marxistischen Gebrauchs der Heideggerschen Fundamentalontologie ähnelt in Grundzügen dem, was Sartre im Übergang von *L'Être et le Néant* zu marxistischen Positionen in den 50er Jahren dann – sicherlich ohne Ihre Arbeiten zu kennen – nachvollzogen hat.

MARCUSE Ja, sicher.

HABERMAS Halten Sie es für falsch, das so zu sehen? Sie haben das dann natürlich in den 50er Jahren alles nicht mehr ernst genommen.

MARCUSE Das stimmt nicht.

HABERMAS Doch, dann begann ja erst die marxistische Rezeption des späten Husserl und sogar Heideggers in der Tschechoslowakei, in Jugoslawien.

MARCUSE Da zeigt sich, daß vielleicht doch ein innerer begrifflicher Zusammenhang besteht in dem, was wirklich gut ist an Husserl und vielleicht sogar an Heidegger, denn dieser späte Husserlaufsatz über die Krisis der europäischen Wissenschaft ist ja, verglichen mit den vorhergehenden Transzendentalarbeiten, wirklich ein Neubeginn.

II.

HABERMAS Ich würde ganz gern über ein paar theoretische Fragen mit Ihnen sprechen, Herbert, erstens über anthropologische Grundlagen der Gesellschaftstheorie bei Ihnen, dann über den Stellenwert, den die ästhetische Theorie hat, über das Verhältnis von Philosophie und Wissenschaft, über Ihre theoretische Einschätzung der politischen Demokratie, überhaupt des Liberalismus, und schließlich über das Verhältnis von Theorie und Praxis. Das wird uns dann ja unmittelbar zu politischen Fragen bringen. Vielleicht sollte ich noch sagen, aus welcher Perspektive ich meine Fragen stelle. Neben Adorno haben Sie mit Ihren Arbeiten auf mich persönlich den größten unmittelbaren Einfluß gehabt, und die Übereinstimmungen sind so groß, daß mir nur noch die Schwierigkeiten auffallen, die in dieser Theorie vielleicht auch drinstecken und auf die man stößt, wenn man das Interesse hat, diese Dinge weiterzutreiben. Das ist also der Geist, aus dem ich ein paar Fragen stellen möchte. Ich glaube, daß ich ab und zu einfach mal ein paar Stellen vorlese aus Ihren Sachen, dann wissen wir, worüber wir genau reden. Zuerst aus den *Neuen Quellen zur Grundlegung des Historischen Materialismus.* Da findet sich eine Stelle, von der ich meine, daß sie ein Motiv in Ihrem Denken klarmacht, das bis heute, bis zu dem Buch *Die Permanenz der Kunst*, konstant geblieben ist, ein Motiv, das Sie übrigens von Horkheimer und Adorno trennt. Es heißt in diesem frühen Aufsatz von 1932:

»Gerade der unbeirrbare Blick auf das Wesen des Menschen wird zum unerbittlichen Antrieb der Begründung der radikalen Revolution. Daß es sich in der faktischen Situation des Kapitalismus eben nicht nur um eine ökonomische oder politische Krise handelt, sondern um eine Katastrophe des menschlichen Wesens, diese Einsicht verurteilt jede bloße ökonomische oder politische Reform von vornherein zum Scheitern und fordert unbedingt die katastrophische Aufhebung des faktischen Zustandes durch die totale Revolution. Erst auf der so gesicherten Grundlage, deren Festigkeit durch keine nur ökonomischen oder politischen Argumente erschüttert werden kann, erwächst die Frage nach den geschichtlichen Bedingungen und Trägern der Revolution. Jede Kritik, die sich nur mit dieser Theorie beschäftigt, also mit Klassenkampf und Diktatur des Proletariats, ohne sich mit ihrem eigentlichen Fundament auseinanderzusetzen, verfehlt ihren Gegenstand.«

MARCUSE Das ist aus den *Beiträgen zu einer Phänomenologie des Historischen Materialismus?*

HABERMAS Nein, aus *Neue Quellen zur Grundlegung des Historischen Materialismus,* also dem Kommentar zu den *Ökonomisch-philosophischen Manuskripten.* Das ist 1932.

MARCUSE Ja.

HABERMAS Selbst wenn ich einen Hauch von expressionistischen Vokabeln (wie »totale Revolution«) abziehe, steckt hier ein Gedankenmotiv drin, das sich durchgehalten hat. Sie haben damals noch einen ontologischen Ansatz. Wenn Sie von »Fundament« sprechen, vom »Wesen des Menschen«, dann denken Sie immer noch daran, sich fundamentalontologische Perspektiven marxistisch anzueignen. Von diesem Begriffsrahmen haben Sie sich abgelöst. Andererseits hat man den Eindruck, daß später die Freudsche Metapsychologie die Rolle der Heideggerschen Existentialontologie übernommen hat. Ihr Marxismus hat bis heute einen stark anthropologischen Einschlag, wenn ich das so locker sagen darf.

MARCUSE »Anthropologisch« meinen Sie jetzt im Sinne der philosophischen Anthropologie, nicht der Ethnologie?

HABERMAS Ja. Um vielleicht klarer zu machen, was ich meine, im *Versuch über die Befreiung* heißt es S. 25:

»Wir hätten dann diesseits aller Werte ein trieb-psychologisches Fundament für Solidarität unter den Menschen, eine Solidarität, die gemäß den Erfordernissen der Klassengesellschaft wirksam unterdrückt wurde, nunmehr aber als Vorbedingung von Befreiung erscheint.«

MARCUSE Ja.

HABERMAS In diesem Sinne sprechen Sie sogar von den »biologischen Grundlagen« des Sozialismus, auch wenn Sie ein Fragezeichen dahintersetzen. Ganz deutlich hier in Ihrem letzten Buch, *Permanenz der Kunst,* noch einmal S. 25: »Die Verstrickung von Glück und Unglück, Heil und Unheil, Eros und Thanatos, kann nicht in Probleme des Klassenkampfs aufgelöst werden, die Geschichte hat einen naturhaften Boden« – das meine ich mit Anthropologie. »Der Mensch als Gattungswesen diesseits von allen Klassengegensätzen ist eine Bedingung der Möglichkeit der klassenlosen Gesellschaft. Die Menschheit als Realität, als die Gemeinschaft freier Individuen setzt eine Veränderung der organischen Entwicklung innerhalb der geschichtlich-gesellschaftlichen voraus.« Diese Veränderung der organischen Entwicklung konzipieren Sie auch aus der Perspektive einer Rückkehr zu einem naturhaften Boden – jedenfalls zu einem anthropologisch angelegten Potential.

MARCUSE Aber keine Rückkehr. Jede Bedeutung, jede Erklärung in Begriffen von ›Zurück zur Natur‹ würde ich kompromißlos ablehnen. Auch hier ist Natur etwas, das es erst herzustellen gilt.

HABERMAS Sie sprechen von einem naturhaften Boden, Sie sprechen auch von einer Triebstruktur, die zwar eine historische Dynamik entwickelt, aber doch zugleich der Boden ist für die vernünftige Organisation frei assoziierter Produzenten in einer künftigen Gesellschaft. Man fragt sich, wie solche starken anthropologischen Annahmen mit dem Historischen Materialismus, also schlicht mit der These der Veränderbarkeit der menschlichen Natur, vereinbar sind.

MARCUSE Daß der Mensch einen Körper hat und daß der Mensch das hat, was der Freud Triebe nennt, und daß es im Menschen primäre Triebe gibt, heißt nicht, daß sie nicht veränderbar sind. Wenn ich von menschlicher Natur spreche, meine ich immer eine Natur, die den Menschen als ganzen verändern kann. Wenn die Triebstruktur in dem Sinne invariant ist, daß immer der Konflikt zwischen Eros und Thanatos zugrunde liegt, dann heißt das nicht, daß die Formen, in denen dieser Konflikt sich entwickelt, nicht geschichtlich und gesellschaftlich veränderbar sind. Es steht schon bei Freud, daß es Grade gibt, zu denen destruktive Energie erotischer Energie unterworfen werden kann. Das ist ja Veränderung der Triebstruktur, das hab ich ja nicht hinzugesetzt. Also ist es nicht richtig zu sagen, daß Freud eine unveränderliche menschliche Natur zugrunde lege, oder jedenfalls nur sehr bedingt richtig.

HABERMAS Was ich provisorisch anthropologische Grundlagen der Gesellschaftstheorie genannt habe, hat ja zwei Seiten, wie man an den Zitaten sieht. Auf der einen Seite dienen sie zur Begründung einer Radikalisierung des Revolutionsbegriffs oder einer radikalen Fassung des Revolutionsbegriffs. Sie sagen, es kann bei der Abschaffung des Kapitalismus gar nicht nur um die Überwindung einer bestimmten Gesellschaftsformation gehen, vielmehr würden die Veränderungen, die eine solche Abschaffung mit sich bringen würde, eine Umwälzung bedeuten, die tief in die vitale Struktur der einzelnen Persönlichkeit eingreift, in ihr Verhältnis zur Natur, in das Verhältnis der Geschlechter zueinander. Es kann sich also nicht nur um, sagen wir mal, eine Auswechslung von gesellschaftlichen Organisationsprinzipien handeln.

MARCUSE Anders formuliert – und um Hegel sein Recht zu

geben –: um eine radikale Veränderung des Systems der Bedürfnisse.

HABERMAS Aber das System der Bedürfnisse war einfach ein Wort für die bürgerliche Gesellschaft und für eine Organisationsform der gesellschaftlichen Beziehungen, während Sie die Psychoanalyse hier als eine anthropologische Theorie benutzen. Schwingt nicht doch etwas mit vom Pathos des neuen Menschen, das in den 20er Jahren von vielen Seiten . . .

MARCUSE Ja, wozu brauchen wir eine Revolution, wenn wir keinen neuen Menschen kriegen? Das habe ich nie eingesehen. Wozu? Natürlich ein neuer Mensch. Das ist der Sinn der Revolution, wie sie Marx gesehen hat; es ist nicht der Sinn der bürgerlichen Revolution. In der bürgerlichen Revolution handelt es sich wirklich noch um die Etablierung der Herrschaft einer Klasse gegen eine untergehende Klasse. Dazu braucht man allerdings auch schon ein neues System der Bedürfnisse, aber nicht wirklich radikal einen neuen Menschen. Erst auf der geschichtlichen Stufe des Spätkapitalismus ist diese Forderung nach einem neuen Menschen als Hauptinhalt der Revolution akut geworden, weil erst jetzt – und das ist etwas, was man diskutieren sollte, ob es stimmt – das Potential da ist, das gesellschaftliche und natürliche und technische Potential, daß dieser neue Mensch hervortreten und verwirklicht werden kann.

SPENGLER Die Chinesen würden das sehr ungern hören, weil das Problem des neuen Menschen das einzige ist, das Marcuse und Mao auf einen Begriff bringt.

MARCUSE Um so schlimmer für Mao. Es ist ein gefährlicher Begriff, und ich gebrauche ihn auch nicht, ich spreche nicht vom neuen Menschen.

LUBASZ Was heißt das: ein neuer Mensch? Was kann man darunter verstehen?

MARCUSE In Freudschen Begriffen: eine Veränderung der Triebstruktur, nach der destruktive Energie mehr und mehr in den Dienst erotischer Energie tritt, bis Quantität in Qualität umschlägt und die menschlichen Beziehungen (untereinander und zur Natur) befriedet und für Glück offen werden.

HABERMAS Warum haben Sie es eigentlich nötig, das Neue, das durch eine Revolutionierung der kapitalistischen Gesellschaftsform erreicht werden soll, in terms der Psychoanalyse zu formulieren?

MARCUSE Warum?

HABERMAS Dem marxistischen »approach« liegt es doch näher, neue Persönlichkeitsstrukturen oder veränderte Persönlichkeitsstrukturen von außen nach innen zu begreifen, d. h. von neuen Organisationsformen des gesellschaftlichen Verkehrs her.

MARCUSE Organisiert von Menschen, wie Sie eben gesagt haben. Eine neue Persönlichkeitsstruktur ist eine Vorbedingung radikaler Veränderung, des qualitativen Sprungs.

HABERMAS Aber man würde sagen, wenn eine Organisationsform des gesellschaftlichen Verkehrs möglich ist, in der die Spaltung zwischen privatistischer Existenz sowohl in der Arbeit wie auch im politischen Bereich aufgehoben wird, wenn es gelingt . . .

MARCUSE Erklären Sie: Was wird aufgehoben?

HABERMAS . . . wenn es gelingt, die Produktion und, entsprechend, die politische Willensbildung so zu organisieren, daß das, was nötig ist, abhängig gemacht werden kann von Entscheidungen, die aus einem gemeinsamen und zwanglos gebildeten Willen hervorgehen, d. h. wenn eine Gesellschaft radikal demokratisiert wird, dann entfallen überflüssige soziale Zwänge. Damit wird auch die Deformation der Persönlichkeitsstrukturen überflüssig. Das ist zumindest die übliche marxistische Perspektive, über eine Transformation von Persönlichkeitsstrukturen zu sprechen. Aber Sie wählen in *Eros and Civilization* den umgekehrten Weg.

MARCUSE Wieso umgekehrt?

HABERMAS Sie wählen zunächst psychologische Grundbegriffe und sagen, wir wollen jetzt mal erklären, wie die Persönlichkeitsstrukturen aussehen unter der Herrschaft des Leistungsprinzips, und dann rekurrieren Sie auf den psychischen Apparat und setzen im Grunde auf eine Dynamik, die vorhistorisch ist, die natürlich historisch vermittelt ist . . .

MARCUSE Nein, ich frage: Wie ist es dazu gekommen, daß die psychische Struktur der Menschen die mögliche Revolution immer wieder entweder verhindert oder versaut hat. Und das ist eine geschichtliche Frage, nämlich wie die Gesellschaft, die Klassengesellschaft, die Triebstruktur manipuliert – nebenbei gesagt, erst ganz indirekt und dann mit dem Fortschritt der Technik und der Psychologie immer direkter und wirksamer.

HABERMAS Sie meinen also, dieser psychologisch-anthropologische Ansatz wird historisch in dem Augenblick überhaupt erst nötig, wo die Konfliktpotentiale in spätkapitalistischen Gesellschaften eher nach einer sozialpsychologischen als nach einer unmittelbar politisch-ökonomischen Analyse verlangen.

MARCUSE Weil für die Ausbeutung und Unterdrückung in der spätkapitalistischen Gesellschaft die Manipulation der Triebstruktur einer der wichtigsten Hebel ist.

HABERMAS Der Vergesellschaftungsprozeß ist im Spätkapitalismus so integral geworden, daß er sozusagen natürliche Substrate angreift, die im liberalen Kapitalismus noch im Schutz der bürgerlichen Familie unangetastet geblieben sind.

MARCUSE Z. B. die systematische Überaktivierung des Destruktionstriebs, die systematische Indoktrinierung von Gewalt, die systematische Abschaffung der Privatsphäre, neue Formen, viel wirksamere Formen der sozialen Kontrolle.

SPENGLER Wenn das so explizit auf den Spätkapitalismus bezogen wird, wie unterscheidet sich das dann z. B. von den Formen sozialer Kontrolle, die in der Sowjetunion praktiziert werden?

MARCUSE Dort sind sie noch nicht in dieser Weise notwendig, weil dort, soweit ich es sehen kann, die Macht der herrschenden Bürokratie noch nicht in dieser allgemeinen Weise ein Legitimationsproblem geworden ist. Da geht es noch um eine Verbesserung des Lebensstandards, die ja die Bürokratie vorläufig noch leistet.

HABERMAS Um auf das anthropologische Element zurückzukommen. Sie sagen, *Eros and Civilization* hätten Sie geschrieben in Reaktion auf eine historische Lage, in der die Konflikte gerade bis in den psychischen Apparat hinein analysiert werden müssen.

MARCUSE Das ist selbst ein historisches Phänomen.

HABERMAS Gut. Ich vermute allerdings, daß der Gebrauch, den Sie von der Freudschen Theorie machen, noch andere Gründe hat. Ich glaube, daß Sie in *Triebstruktur und Gesellschaft* die Freudsche Triebtheorie gebrauchen, um eine materialistische Version des Vernunftbegriffs zu gewinnen. Wenn das stimmt, dann frage ich: Kann man eigentlich Vernunft auf diesem Wege naturalistisch begründen? Vielleicht darf ich diese Frage anhand eines Zitats nochmal kurz erläutern. Also, in *Triebstruktur und Gesellschaft* stellen Sie einander gegenüber die Logik der Herrschaft und die Logik der Entfremdung, also das, was Horkheimer instrumentelle Vernunft nennt.

MARCUSE Max Weber.

HABERMAS Ist das schon ein Max Weberscher term?

MARCUSE Ich glaube, ja.

HABERMAS Ich glaub's nicht, aber ich will's nicht ausschließen. Das liest sich also hier auf S. 220 so:

»In dem Maße, in dem der Kampf ums Dasein der freien Entwicklung und Erfüllung individueller Bedürfnisse zu dienen beginnt, weicht die repressive Vernunft einer neuen Vernünftigkeit der Befriedigung, in der Vernunft und Glück zusammentreffen.«

Dann auf derselben Seite unten weiter:

»Wenn die private Existenz erst einmal nicht mehr abseits von und gegen das öffentliche Dasein geführt werden muß, dann könnten die Freiheit des Einzelnen und die der Gesamtheit vielleicht durch einen allgemeinen Willen in Einklang geraten, der sich in Einrichtungen zugunsten der individuellen Bedürfnisse äußern könnte. Die Triebverzichte und Verzögerungen der Erfüllung, die der allgemeine Wille fordert, müssen durchaus nicht düster und unmenschlich und ihre Vernunft nicht autoritär sein. Trotzdem bleibt die Frage bestehen, wie kann die Zivilisation ungehemmt die Freiheit hervorbringen, wenn die Unfreiheit zum Anteil und zum Kernstück des psychischen Apparats geworden ist. Und wenn nicht, wer hat das Recht, objektive Wertmaßstäbe aufzustellen und sie durchzusetzen?«

Diese Frage hätte die Antwort nahegelegt, daß die Menschen selbst, natürlich nur dann, wenn sie als freie und gleiche in einer ungezwungenen Willensbildung zusammentreten, einen solchen allgemeinen Willen bilden können – und nur die Menschen selbst.

MARCUSE Ja.

HABERMAS Also das Prinzip der, sagen wir, gewaltlosen Intersubjektivität der Verständigung, das Prinzip der Sprache, der sozusagen die Intention auf eine solche zwanglose Verständigung innewohnt, wäre wohl das Prinzip, auf das man hier rekurrieren müßte, wenn es darauf ankommt zu sagen, was denn eigentlich das Vernünftige an einer solchen neuen gesellschaftlichen Beziehung ist. Sie jedoch rekurrieren nicht auf das Prinzip einer vernünftigen Einigung, das, wenn es politisch verkörpert wird, einfach das Prinzip der Demokratie ist, sondern Sie rekurrieren an dieser Stelle auf das Prinzip der Erziehungsdiktatur. Sie sagen hier: »von Plato bis Rousseau besteht die einzige ehrliche Antwort in der Idee einer erzieherischen Diktatur, die von denen ausgeübt wird, denen man zutrauen könnte, daß sie das Wissen um das wirklich Gute erworben haben.« Nun frage ich mich, ob dieser Rekurs auf die Erziehungsdiktatur nur deshalb stattfindet, weil Sie meinen, das der Vernunft via Sprache innewohnende Telos zwangloser Einigung ist etwas, das historisch erst einmal hergestellt werden muß, und solange das nicht der Fall ist, muß man u. a. auch auf Mittel der Erziehungsdiktatur zurückgreifen. Oder hat Ihr Rekurs auf die Erziehungsdiktatur einen anderen Grund? Vielleicht den, daß Sie die Vernunft überhaupt nicht in Sprache oder in vernünftiger Einigung, in einer allgemeinen zwanglosen Willensbildung verankern, sondern eben sehr viel tiefer verankern – in einer Triebnatur, die sich in gewisser Weise als etwas der Vernunft Äußerliches zur Geltung bringt. Sie sehen, ich habe Schwierigkeiten mit Ihrem Versuch, Vernünftigkeit als etwas, das sich gegen instrumentell verkürzte Vernunft zur Geltung bringen läßt, auf dem Wege einer Triebtheorie zu begründen. Und ich habe den Verdacht, daß Sie auf Erziehungsdiktatur zurückgreifen, weil Sie eine naturalistische Begründung der Vernunft vornehmen.

MARCUSE Ich würde heute nicht einfach von Erziehungsdiktatur sprechen. Die Stelle, die Sie zitiert haben, ist absichtlich provokativ formuliert. Vielleicht noch Erziehungsdiktatur innerhalb der Demokratie, aber nicht Erziehungsdiktatur schlechthin. Aber das ist nicht die Hauptfrage. In der Hauptfrage, der naturalistischen Begründung der Vernunft, würde ich allerdings wagen zu behaupten: ja, genau das scheint mir notwendig. Ich habe fast immer, wenn ich über diese Dinge in Vorlesungen gesprochen habe, deutlich gemacht: Was ich sage, beruht auf zwei Werturteilen, die selbst nicht wieder reduzierbar sind, nämlich: 1. Es ist besser zu leben als nicht zu leben; 2. Es ist besser, ein gutes Leben zu haben als ein schlechtes. Das sind Werturteile, die irreduzibel sind. Wenn einer das nicht akzeptiert, dann ist er kein Diskussionspartner. Auf dem Boden dieser beiden Werturteile ergibt sich meiner Meinung nach die Möglichkeit einer Bestimmung des Vernunftbegriffs, nämlich: vernünftig ist diejenige Repression (denn der Vernunftbegriff ist ein repressiver Begriff, da ist meiner Meinung nach nicht der geringste Zweifel möglich), die in demonstrierbarer Weise die Chancen eines besseren Lebens in einer besseren Gesellschaft befördert.

HABERMAS Wer bestimmt, was das bessere Leben ist?

MARCUSE Genau auf diese Frage würde ich die Antwort verweigern. Wenn jemand noch nicht weiß, was ein besseres Leben ist, ist er hoffnungslos.

HABERMAS Nein, das Problem ist ja, daß alle Leute ziemlich genau wissen, was ein besseres Leben ist, aber daß sie in diesen Auffassungen, jedenfalls hic et nunc, nicht übereinstimmen. Mit Herrn Dregger möchte ich auch keine Vorstellung vom guten Leben gemeinsam haben.

MARCUSE Wem?

HABERMAS Herrn Dregger, nun, das ist eine ...

SPENGLER ... politisch unerfreuliche Erscheinung ...

HABERMAS ... eine CDU-Größe, die heute eine nationalkonservative Politik à la Strauß stützt und beispielsweise Werte der Sicherheit, Werte von »law and order«, Werte sozusagen eines sauberen Zusammenlebens, d. h. im Grunde Werte vertritt, von denen man in psychoanalytischer Perspektive sagen könnte, daß sich in ihnen eine Unterdrückung der Triebnatur spiegelt.

MARCUSE Man kann zeigen, daß das, was der Mann sagt, falsch ist, daß das nicht zu einer besseren Gesellschaft führt, sondern zu einer Stabilisierung der bestehenden.

HABERMAS Nein. Die Wertmaßstäbe, von denen in dem Zitat die Rede ist, gewinnen Sie nicht aus den beiden Fundamentalwerturteilen, die Sie soeben angeführt haben. Das sind Leerformeln, die die Leute nach Belieben ausfüllen können. Wertmaßstäbe kriegt man nicht naturrechtlich vom Himmel, abstrakt und ein für alle Mal, sondern Wertmaßstäbe sind, sobald sie einen materiellen Gehalt haben, nicht unabhängig von den Problemen, die in einer konkreten historischen Situation gelöst werden müssen. Welches dann die vernünftigerweise zu verfolgenden und akzeptablen Werte sind, findet man doch eigentlich nur heraus ...

MARCUSE ... durch Analyse der Bedingungen der Veränderung ...

HABERMAS ... wenn man plausibel machen kann, was alle in dieser Situation wollen könnten ...

MARCUSE Ja, genau das.

HABERMAS Aber dann ist Vernunft etwas, das nicht in den Trieben sitzt, sondern dann ist Vernunft etwas, um es plakativ zu sagen, das in der Sprache sitzt; dann sitzt die Vernunft in den Bedingungen einer zwanglosen Willensbildung.

MARCUSE Wir können einen allgemeinen Willen bilden nur auf der Grundlage der Vernunft und nie umgekehrt, und die Vernunft oder die Vernünftigkeit steckt in der Tat in den Trieben, nämlich in dem Drang erotischer Energie, die Destruktion aufzuhalten. Genau das würde ich als Vernunft definieren: Schutz des Lebens, Bereicherung des Lebens, Verschönerung des Lebens. Und das ist nach Freud in der Triebstruktur selbst angelegt.

HABERMAS In der Triebstruktur ist angelegt, was wir am Ende als unsere wirklichen Bedürfnisse erkennen. Die Schwierigkeit ist doch, daß sich diese wirklichen Bedürfnisse immer in einem historischen Medium darstellen, d. h. angesichts konkreter Probleme. Natürlich ist da auch etwas Allgemeines, was sich durchsetzt, und das können wir dann Eros nennen. Aber gestritten wird immer nur in bestimmten historischen Situationen, wo man genau sagen muß, was uns glücklicher macht, was die Umgebung schöner macht, was das Leben lebenswert macht.

MARCUSE Aber das weiß man doch.

HABERMAS Da spricht der alte Philosoph aus Ihnen: »Das weiß man doch.«

MARCUSE Es weiß doch jeder Mensch, daß die Natur schöner aussieht, wenn ich an den Ufern des Sees nicht ein sechzigstöckiges Gebäude hinstelle. Dazu gehört doch keine Philosophie, um das zu wissen. Das ist ein Appell an die Triebstruktur. Es sieht zweifellos schöner aus, es ist befriedigender, es ist beruhigender. Dasselbe gilt im Hinblick auf diese Scheißkernkraftwerke.

HABERMAS Wenn das so einfach wäre, dann hätten wir ja nicht die Scheiße, in der wir sitzen.

MARCUSE Doch, das ist uns aufoktroyiert.

SPENGLER Der Faschismus in Deutschland ist historisch nicht so leicht abzutun.

MARCUSE Na und?

SPENGLER Was machst Du in dem Fall, wo Menschen sich ein schöneres Leben in einer besseren Gesellschaft nur in einer faschistischen Gesellschaft vorstellen können?

MARCUSE Eine faschistische Gesellschaft, d. h. eine Gesellschaft, die selbst auf Aktivierung und Superaktivierung von aggressiver und destruktiver Energie beruht, kann keine bessere Gesellschaft sein.

HABERMAS Sie haben zwei Anker für die Demonstration dessen, was vernünftig ist. Auf der einen Seite sagen Sie, es ist etwas intuitiv Zugängliches, es ist geradezu gesunder Menschenverstand zu wissen, was man eigentlich möchte.

MARCUSE Menschenverstand und Menschentrieb.

HABERMAS Menschentrieb. Das ist der eine Anker. Und der andere Anker ist die Theorie. Sie sagen, wenn dann das, was selbstverständlich ist, so weit verdunkelt wird, und zwar durch analysierbare gesellschaftliche Zwänge, daß die Menschen das, was auf der Hand liegt, nicht mehr erkennen können, dann muß theoretisch untersucht werden, wie es zu dieser Verleugnung, dieser Illusionierung kommt, und dann sind es die Wenigen, die zu theoretischer Einsicht gelangen können. Mein Einwand geht dahin, daß Sie einerseits das, was Vernunft und vernünftig ist, seiner Struktur nach von Hegel haben. Sie entwickeln das in allen Ihren Büchern, selbst in *Triebstruktur und Gesellschaft* in einem Zwischenkapitel anhand der *Phänomenologie des Geistes.* Andererseits schieben Sie, wohl wissend, daß man die Hegelsche Logik nicht mehr einfach akzeptieren kann, den Hegel beiseite. Der Vernunftbegriff wird sozusagen anonym, verleugnet seine idealistische Herkunft und wird transplantiert in den Kontext der Freudschen Triebtheorie. Die Schwierigkeiten kamen eben heraus, als Sie sagten: Was vernnünftig ist, das steckt insofern in den Trieben oder im Eros, als ja jedermann mit Händen greifen kann, was für ihn und für alle das Bessere ist.

MARCUSE Nein, das ist zu flink. Der Vernunftbegriff steckt in der Triebstruktur insofern, als Eros identisch ist mit dem Streben, destruktive Energie zu bändigen.

HABERMAS In jeder konkreten Situation gibt es verschiedene Definitionen dessen, was unser gemeinsames oder gar das verallgemeinerungsfähige Interesse ist.

MARCUSE Das ist der wichtigste Punkt. Ehrlich gesagt: Ich glaube nicht, daß es in einer gegebenen Situation unmöglich ist, zu bestimmen, generell zu bestimmen, was das allgemeine Interesse ist. Ich halte das für Ideologie der herrschenden Klasse. Mir scheint, daß es sehr wohl möglich ist zu bestimmen, was das Allgemeininteresse ist.

HABERMAS Wir haben allgemeine Wahlen, und man sieht, welche Parteien und welche Programme allgemein konsentiert werden, und das sind offensichtlich nicht die Parteien und die Programme, von denen Sie erwarten, daß sie das allgemeine Interesse ...

MARCUSE ... Augenblick mal, wir haben allgemeine Wahlen, von denen im Grunde jedermann weiß, daß sie falsch sind. Was nötig ist, ist die Anstrengung der Theorie, die Demonstration der Kräfte, so daß wirklich jedem klar ist, was das Allgemeininteresse ist. Es ist ja selbst wieder eine Form der Repression, darauf zu bestehen, daß das Allgemeininteresse nicht allgemein bestimmbar sei. Ich finde, es wird immer leichter, es zu bestimmen.

HABERMAS Sie sagen, es muß theoretisch bestimmt werden.

MARCUSE Es muß theoretisch demonstriert werden.

HABERMAS Was ist daran so einfach, wenn sich genau diese Theorie nicht etwa allgemeiner Anerkennung erfreut, sondern doch eher eine Theorie ist, die beispielsweise im Wissenschaftsbetrieb marginal ist? Und was ist denn das, worauf Sie sich berufen, wenn Sie sagen: Ich, Herbert Marcuse, kann sehr leicht zeigen heute, was im allgemeinen Interesse ist?

MARCUSE Ich sage das nicht. Ich sage, mir und jedem anderen, der der Sprache fähig ist, kann gezeigt und dargelegt werden, was das allgemeine Interesse heute ist. Und daß es zweifelsfrei nicht bestimmbar ist durch das Pentagon.

HABERMAS Dieser Behauptung steht doch eine historische Evidenz entgegen.

MARCUSE Nämlich?

HABERMAS Nämlich die Evidenz, daß heute nicht einmal mehr politisch organisierte Gruppen in den entwickeltsten Ländern identifiziert werden können, an deren Selbstverständnis diese Gesellschaftstheorie anknüpfen kann. Es ist doch konstitutiv für die Kritische Theorie gewesen, daß sie ihren Adressaten verloren hatte, ihren historischen Adressaten, zunächst mal in den 30er, 40er Jahren. In der klassischen Periode dessen, was heute Kritische Theorie heißt, ist die Einschätzung die gewesen, daß nur noch vereinzelte Individuen überhaupt in der Lage sind zu erkennen, worin das Unheil besteht. Und dem widersprechen Sie jetzt.

MARCUSE Ich würde diese These nicht mehr gutheißen. Ich würde heute sagen, daß im Grunde jeder weiß, was nötig ist, daß das Allgemeininteresse an einer besseren Gesellschaft und die Möglichkeiten ihrer Realisierung demonstrierbar sind, und daß diese Gewißheit verdrängt wird. Und das hat im Grunde auch die Kritische Theorie immer gesagt oder gemeint: nicht nur einzelne Individuen – vielleicht können es nur einzelne unmittelbar artikulieren, aber an sich: jeder. Im übrigen haben radikale Veränderungen in der Geschichte nie mit Massenbewegungen angefangen.

HABERMAS Lassen Sie mich mal aus dem *One-dimensional Man*, den ich leider nur auf englisch hier habe, ein paar Stellen vorlesen, aus denen klar wird, wie Sie die Begriffe ansetzen, mit denen man das, was vernünftig ist, erkennen kann. Da geht es also um Allgemeinbegriffe, um Universalien, um die Art von Begriffen, denen ein kritisches Potential innewohnt. Auf Seite 211 heißt es: »[. . .] Universals are primary elements of experience – universals not as philosophic concepts but as the very qualities of the world with which one is daily confronted.« Das ist ungefähr das, was Sie eben auch gesagt haben: Jedermann kann im Grunde wissen, was schön und gut ist. Hier sprechen Sie von den »substantive universals of duty, justice, happiness and their contraries«.

»It seems that the persistence of these untranslatable universals as nodal points of thought reflects the unhappy consciousness of a divided world in which that which is falls short off, and even denies that which can be. The irreducible difference between the universal and its particles seems to be rooted in the primary experience of the inconquerable difference between potentiality and actuality, between two dimensions of the one experienced world. The universal comprehends in one idea the possibilities which are realized and at the same time arrested in reality.«

MARCUSE Das ist orthodoxer Aristoteles.

HABERMAS Ja, das ist mit einem leichten Hegelschen Blick Aristoteles wiederbelebt, allerdings in einer fast phänomenologischen Sprache. Sie sagen hier, in »everyday life«, schon in der Lebenswelt, finden wir die Begriffe vor, mit denen wir unsere Werturteile formulieren – diese haben den Charakter, der von Hegel dahingehend analysiert worden ist, daß sie in gewisser Weise das, was ist, selbstkritisch übersteigen und mit dem konfrontieren, was die Sache sein könnte und sein sollte. Das ist philosophisch eher unbefriedigend, weil Sie ja die philosophischen Theorien, aus denen diese Begrifflichkeit stammt, systematisch nicht mehr verteidigen. Sie sind weder systematisch Aristoteliker, noch sind Sie systematisch Hegelianer. Wenn das aber so ist, dann müssen wir philosophisch auf eine andere Weise sagen, wie wir zu den normativen Grundlagen unserer Theorie kommen, um es mal ganz simpel auszudrücken. Und Sie versuchen das mit Freud. Sie sagen: Realitätsprinzip und Lustprinzip.

MARCUSE Ja.

HABERMAS Sie charakterisieren die Prinzipien, unter denen die Triebstruktur gebildet wird, und sagen: Das, was diese beiden Prinzipien vereinigt, ist das, was vernünftig ist.

MARCUSE Nicht nur vereinigt.

HABERMAS Oder versöhnt, ja?

MARCUSE Wenn die Dynamik der beiden Prinzipien zur Emanzipation der erotischen Energie strebt.

HABERMAS Ja, gut, aber dann kann man doch auf der Ebene der Anwendung dieser Theorie zeigen, daß das zu allgemein ist, um wirklich jeweils zu identifizieren, was das Gute oder das Bessere oder das Wünschbare ist, oder gar das verallgemeinerungsfähige Interesse. Schauen Sie, Sie haben diese beiden Pole. Sie sagen auf der einen Seite, die Alltagswelt legt sich in einer Begrifflichkeit aus, die so ähnlich funktioniert, wie der Hegel das vom Begriff gesagt hat; deshalb ist die letzte Instanz, an die wir appellieren können (das glaube ich ja auch), das Selbstverständnis der Betroffenen selber.

MARCUSE So wie sie sind.

HABERMAS Aber diese Betroffenen müßten sich, wenn wir das in der Sprache der bürgerlichen Sozialphilosophie sagen wollen, als freie und gleiche, als autonome Individuen an einem zwanglosen Prozeß der Willensbildung beteiligen *können*; dann könnten sie ihr Erfahrungspotential einbringen.

MARCUSE Ja, da stimme ich mit Ihnen überein.

HABERMAS Gut, aber dann steckt das Vernünftige nicht so sehr in dieser Art alltäglicher Begrifflichkeit, sondern dann steckt die Vernünftigkeit in der Organisation einer zwanglosen, allgemeinen Willensbildung, d. h. im Telos einer gewaltfreien Intersubjektivität der Verständigung, und das Vernünftige steckt nicht per se in, sagen wir, einer Interessenstruktur, die nun in bestimmten gesellschaftlichen Verhältnissen unterdrückt, deformiert oder freigesetzt wird.

MARCUSE Die Vernünftigkeit kann nicht in einer Organisation als solcher bestehen, sondern nur in einer Organisation, die von Menschen geschaffen worden ist oder geschaffen wird, die dieser Vernünftigkeit folgen. Sie drehen die Sache um.

HABERMAS Nein, in der Idee, die wir alle davon haben, und die im Grunde tatsächlich jeder hat, soweit er überhaupt mit einem anderen je ein Wort gewechselt hat, um sich mit ihm zu verständigen.

MARCUSE Ja.

HABERMAS In dieser Dimension steckt sozusagen unser intuitiver Begriff von Vernünftigkeit, aber nicht in unseren Interessenstrukturen. In der Triebstruktur steckt in der Tat der materielle Gehalt und das, worauf es dann in der konkreten Situation ankommt.

MARCUSE Da steckt aber auch drin, wie dieses Was möglich ist, da steckt drin, wie Ihre herrschaftsfreie Organisation möglich ist, auf welcher Grundlage. Und in diesem Zusammenhang möchte ich doch auf den Begriff der Solidarität zu sprechen kommen. Die Solidarität an sich ist in keiner Weise ein Wert. Unter dem Naziregime gab es wirkliche Solidarität bis zum bitteren Ende. Solidarität an sich taugt nichts. Es gibt die Solidarität der Mafia, es gibt alle möglichen Solidaritäten. Solidarität muß begründet sein wiederum in einer Struktur, die die Menschen erotisch binden kann, d. h. einer klassenlosen Gesellschaft. Sie muß eine Wurzel haben in der Triebstruktur selbst. Die faschistische Solidarität ist offenbar gegründet auf Solidarität in Aggression und nicht auf Solidarität im Eros, nicht auf den Schutz des Anderen, auf die Pflege des

Anderen, auf die Liebe zum Anderen, was es auch immer sei. Also, ich finde, ohne den Begriff der Solidarität kommt man nicht aus. Ihre allgemeine Willensbildung setzt ja Solidarität voraus. Eine allgemeine Willensbildung von Menschen, deren vitale Interessen einander entgegengesetzt sind, funktioniert nicht.

HABERMAS Wir können ja durchaus davon ausgehen, daß auch in allen künftigen Gesellschaften Interessengegensätze fortbestehen; es kommt doch darauf an, das, was in jeder Gesellschaft allgemein geregelt wird, so zu regeln, daß alle diesen Regeln mögen zustimmen können.

MARCUSE Voraussetzung muß sein eine Übereinstimmung, eine mögliche Übereinstimmung der Interessen, die die Interessenkonflikte auf friedlichem Wege zu lösen erlaubt in einer sozialistischen Gesellschaft.

HABERMAS Vielleicht lassen wir das Vernunftthema jetzt einmal beiseite ...

SPENGLER Es ist ein bißchen inkonklusiv ausgelaufen.

HABERMAS Ja, wir kommen darauf zurück, wenn wir nun über ästhetische Theorie sprechen.

LUBASZ Dann möchte ich nur noch sagen, bevor wir von dem Thema abkommen, ich habe das Gefühl, daß wir über Rousseau nicht hinausgekommen sind. Wir können einerseits sagen, daß das gesellschaftlich Vernünftige darin besteht, daß eine herrschaftsfreie Willensbildung möglich ist. Andererseits gibt es die Frage, wie es möglich ist, daß die Einzelnen, die sich an diesem Prozeß beteiligen, auch das Gute, das, was für die Allgemeinheit gut ist, wählen. Und da gibt es natürlich die großen zwei Rousseauschen Tricks – erstens gibt es die ›educational dictatorship‹, mehr oder weniger, zweitens gibt es den ›trick to be forced to be free‹, denn der, der's nicht einsieht, der hat sich geirrt, den müssen wir eben dazu zwingen, das Gute wahrzunehmen. Darüber sind wir nicht hinausgekommen.

MARCUSE Aber, mein lieber Heinz, erstens sind wir darüber hinausgekommen, weil bei Rousseau die ganze Dimension fehlt, die der Freud eingeführt hat, und zweitens ist es ja durchaus möglich, daß der Rousseau etwas Vernünftiges gesagt hat.

LUBASZ Ja, allerdings.

MARCUSE Worüber man nicht hinausgehen muß.

LUBASZ Wenn man das sagt, dann muß man auch das entscheidende Urteil von Rousseau über sich selbst teilen: So schaut die Freiheit aus. Wenn die Tatsachen diesen Bedingungen nicht entsprechen, dann ist es auch keine freie Gesellschaft.

MARCUSE Bei Rousseau ist das Problem der allgemeinen Willens*bildung* eigentlich nicht artikuliert. Der *citoyen* ist ja schon der Mensch, der aufgrund seiner Vernunft, seiner Triebstruktur fähig ist, nicht nur zwischen Allgemeininteresse und unmittelbarem, privatem Interesse zu unterscheiden, sondern gegebenenfalls auch gegen das private Interesse zu handeln. Die *citoyen* ist ja nicht mehr jeder beliebige, *citoyens* sind die Menschen, die bereits anders geworden sind.

LUBASZ Die müssen in der Mehrzahl sein.

HABERMAS Im Prinzip alle.

LUBASZ Ja.

MARCUSE Nein, nicht alle.

LUBASZ Doch, im Prinzip alle.

SPENGLER Wir kreiseln.

HABERMAS Wir kreiseln. Ich finde, wir sollten zur ästhetischen Theorie übergehen . . .

SPENGLER Ich schlage vor, etwas zu essen.

HABERMAS Ja.

MARCUSE Das gehört auch zur Ästhetik.

LUBASZ Erst das Essen, dann die Moral . . .

SPENGLER Und dann die Ästhetik. Das ist eine ganz neue Definition von Geschichte.

III.

HABERMAS Also, lieber Herbert, nachdem wir uns an Tafelspitz und Wiener Schnitzeln gestärkt haben, gehen wir zur Ästhetik über.

MARCUSE Freut mich.

HABERMAS Warum hat die Ästhetik bei Adorno und bei Ihnen einen so hohen Rang? Hat das damit zu tun, daß sich das Verhältnis von Kunst und Philosophie, so wie es Hegel bestimmt hat, bei Ihnen beiden in gewisser Weise umkehrt? Nicht mehr die Philosophie bringt das sinnliche Scheinen der

Idee auf den Begriff, sondern es ist nunmehr die Kunst, die die Evidenz schafft für Begriffe von einem besseren Leben. Ist es so, daß die kognitive Funktion der Kunst sogar in gewisser Weise der der Philosophie überlegen ist, nämlich gerade auf dem Gebiet sozusagen der Entdeckung dessen, was sein soll?

MARCUSE Wenn es in Hegels Sprache ausgedrückt werden muß, ziehe ich es vor zu sagen: Die Kunst bringt den Begriff zum sinnlichen Scheinen. Die Wirklichkeit als zu verändernde wird sinnlich erfahren, erlitten, erträumt. Das geschieht ganz konkret in der Repräsentation der Individuen, der Dinge, der Natur. Sie werden mit einer ihnen eigenen Wahrheit und Wirklichkeit dargestellt, die in der gegebenen Wahrheit und Wirklichkeit nicht aufgehen – und die auch in keinem anderen Medium dargestellt werden können.

Die Kunst hält dieses Privileg, weil schon ihre Sprache den Bruch mit der (alltäglichen) Wirklichkeit bedeutet. Die Sprache der Kunst betreibt die Subversion der alltäglichen Erfahrung: eine Entfremdung von der »Normalität« – Subversion des Bewußtseins und des Unbewußten. Damit wird eine tabuierte Dimension der Realität aufgebrochen. In ihr werden die Menschen und Dinge von dem bestehenden Realitätsprinzip emanzipiert; dessen Normen werden in Frage gestellt. Paradoxerweise haben wir es also in der Kunst mit *Entsublimierungsprozessen* zu tun – in einem fiktiven Bereich, der allerdings mit Realität gesättigt ist.

HABERMAS Ihre ästhetischen Auffassungen haben Sie geändert, wenn ich das recht sehe. Wenn man den ersten großen Aufsatz ...

MARCUSE ... *Über den affirmativen Charakter der Kultur?*

HABERMAS ... ja, *Über den affirmativen Charakter der Kultur* sich anschaut, dort haben Sie, allerdings in sehr vorsichtigen Formulierungen, die Aufhebung der Kunst für möglich gehalten. Sie hatten damals ein positiveres Verhältnis zu der surrealistischen Grundkonzeption, daß die Kunst wieder ins Leben übertreten muß oder daß jedenfalls die Kunst in den materiellen Lebensprozeß eingegliedert werden kann, wenn sie ihren affirmativen Schein abstreift. Vielleicht sollte ich hier aus dem alten Aufsatz die entsprechende Stelle einmal zitieren:

»Die Schönheit wird eine andere Verkörperung finden, wenn sie nicht mehr als realer Schein dargestellt werden, sondern die Realität und die Freude an ihr ausdrücken soll. Nur aus der anspruchslosen Schaustellung mancher griechischer Statuen, aus der Musik Mozarts und des alten Beethoven läßt sich eine Vorahnung solcher Möglichkeiten gewinnen. Vielleicht wird aber die Schönheit und ihr Genuß überhaupt nicht mehr der Kunst anheimfallen, vielleicht wird die Kunst als solche gegenstandslos werden.«

Das war 1935/36.

MARCUSE Ja.

HABERMAS Und im *Versuch über die Befreiung*, wo Sie über die Graffiti im Pariser Mai schreiben, haben Sie grundsätzlich an dieser Auffassung noch festgehalten. Hingegen in dem letzten Buch *Die Permanenz der Kunst* . . .

MARCUSE Ja, ich habe das stark abgeschwächt.

HABERMAS Dort heißt es auf Seite 37:

»Die Rede vom Ende der Kunst gehört heute zum ideologischen Arsenal und zu den Möglichkeiten der Gegenrevolution. Ihr mag es gelingen, durch die wissenschaftliche Totalisierung der Kontrollen die Menschen den Unterschied von Gut und Böse, Krieg und Frieden, Schön und Häßlich vergessen zu lassen. Das Ende der Kunst wäre dann das Ende der Künstler und der Konsumenten von Kunst, Resultat einer immer effizienteren Verwaltung von Bedürfnissen und Befriedigungen, von Vergnügen und Aggression.«

Welche Erfahrungen haben Sie dazu bewogen, Ihre früheren Thesen zu revidieren?

MARCUSE Z. B. die Erfahrung, daß es gerade eine der Anstrengungen der Kultur des Spätkapitalismus ist, die Kunst wieder in das Leben einzuordnen oder Kunst und Leben zu versöhnen, in den Bestrebungen, die ästhetische Form zu zerschlagen, die Meisterwerke zu zerstören (alles Parolen, die denen der Bücherverbrennung sehr nahe kommen). Dies hat mich auf den Gedanken gebracht, daß selbst in einer freien Gesellschaft die Kunst, obwohl wir nicht wissen, in welcher Form, bestehen bleiben wird, weil sie zu den geschichtlichen Invarianten gehört. Die Konflikte, die in der Kunst zur Sprache kommen, zur Lösung kommen oder zur Unterdrückung kommen, liegen unterhalb des Bodens einer bestimmten Gesellschaftsordnung.

SPENGLER Kann man das an Beispielen festmachen? Wenn

das Wort Kunst fällt, dann wird meist eine Totalität von Kunst aufgeblättert. Das kann durchgehen für die Malerei, für die Musik, fürs Theater, für die Skulpturen.

MARCUSE Ich habe das kleine Buch beschränkt auf die Literatur, aus dem einfachen Grunde, weil ich mich nicht qualifiziert fühle, über die anderen Künste zu reden. Wie weit das übertragbar ist, kann ich nicht beurteilen.

HABERMAS Ist denn diese These plausibel angesichts der Tatsache, daß sich eine Sphäre autonomer Kunst erst in der bürgerlichen Gesellschaft gebildet hat, daß also Kunst nichts Ewiges ist?

MARCUSE Autonomie der Kunst – nicht erst die bürgerliche Kunst, sondern jede Kunst, auch die griechische Kunst stellt den vorhin erwähnten Bruch mit der alltäglichen Realität dar. Und das ist es, worauf es ankommt: daß das Kunstwerk nicht den Normen des bestehenden Realitätsprinzips gehorcht, sondern seine eigene Gesetzmäßigkeit hat. Diese Autonomie der Kunst geht lange der bürgerlichen Gesellschaft voraus. Die mittelalterliche Kathedrale z. B. stellt einen solchen Bruch mit der Alltagswelt dar. Ganz gleich, wer da reingeht, er betritt eine Sphäre, die nicht die der Alltagswelt ist.

HABERMAS Aber die Schwelle zwischen Profanität und Sakralität war anders, eben nicht profan definiert.

MARCUSE Richtig. Um Karl Kraus zu paraphrasieren: Die Kunst wäre am Ende, wenn die Menschen nicht mehr unterscheiden könnten zwischen einem Nachttopf und einer Urne. Dann allerdings kann man vom Ende der Kunst reden.

SPENGLER Ich habe den Eindruck, daß das, wogegen Du mit dieser Gleichsetzung von Bilderstürmerei mit modernem Kunstbetrieb zielst, ein Phänomen ist, das man auch anders interpretieren kann. In der Musik und in der bildenden Kunst, jedenfalls in den letzten 20 Jahren, ist die künstlerische Auseinandersetzung stärker eine Auseinandersetzung mit dem Medium selbst geworden, also eine Infragestellung des Mediums. Aber – Du hast einmal Warhole erwähnt –, warum soll, wenn die Kunst sich selbst thematisiert, das in irgendeiner Weise das Ende der Kunst signalisieren?

MARCUSE Weil das keine Selbstthematisierung der Kunst ist. Die Kunst thematisiert sich selber nur im Kunstwerk und in keiner anderen Weise.

SPENGLER Von dieser Definition aus hat der Nachttopf dieselbe Legitimität wie die Urne.

MARCUSE Nein, denn der Nachttopf stellt die alltägliche, besser: allnächtliche Realität dar, die die Urne nicht darstellt. Das gilt schon für Duchamps Nachttopf, den er signiert und ins Museum gestellt hat. Dadurch ändert sich absolut nichts am Charakter des Geräts, außer daß es zu einer privilegierten Ware wird.

SPENGLER Würde man dann der Kunst ästhetische Inhalte vorschreiben können nach Deinem Begriff?

MARCUSE Nach meinem Begriff ist die Kunst nur Ästhetisierung von Inhalten. Wenn man die ästhetische Form aufgibt, hat man die Kunst selbst aufgegeben. Der reine Ortswechsel vom Atelier des Duchamp ins Museum ändert nichts am Gegenstand.

HABERMAS Wie kommt es, Herbert, daß in Ihren ästhetischen Arbeiten die avantgardistische Kunst, die man vielleicht mit dem Symbolismus, mit Baudelaire, Mallarmé anfangen lassen kann, nicht als solche zum Thema wird? Das historische Bezugssystem, an dem Sie Ihre ästhetischen Thesen, sagen wir, exemplifizieren, reicht, auch innerhalb der Literatur, von der Klassik, der Romantik über den Realismus bis, sagen wir, Kafka und Brecht.

MARCUSE Und Beckett.

HABERMAS Ich habe keine Stelle in Erinnerung, wo Sie an Beckett etwas spezifisch erläutern. Außerdem betonen Sie die Kontinuitäten, während Benjamins und dann vor allem Adornos Kunsttheorie im wesentlichen darauf abzielt, diesen eigentümlichen Reflexionsprozeß zu fassen, in dem die moderne Kunst – wie Spengler eben sagte – als moderne Kunst dadurch hervortritt, daß sie ihren Konstruktionsvorgang, ihre Medien als solche thematisiert. Dieser Prozeß, der in der Malerei etwa mit Kandinsky beginnt und heute praktisch zu einer Auflösung der Kategorie des Kunstwerks ...

MARCUSE geführt hat ...

HABERMAS ... dieser Prozeß hat im Zentrum der Theorie von Adorno gestanden. Bei Ihnen wird er nicht analysiert. Bei Ihnen bleibt als Generellkategorie erhalten, was Sie schon in dem frühen Aufsatz, aus dem wir zitiert haben, entwickelt haben, nämlich die Kunst als die Repräsentationsform für das vom alltäglichen Leben Abgespaltene, für das im Lebensprozeß nicht zu verwirklichende Andere. Diese Auffassung resultiert aus einer strengen Anwendung des Marxschen Ideologiebegriffs auf die Kunst. Sie paßt sehr schön auf die klassischen Werke der bürgerlichen Kunst. Aber paßt sie auf den *Prozeß* von Kafka oder auf ein Bild von Pollock oder, wovon ich nichts verstehe, auf Schönberg?

MARCUSE Was paßt nicht?

HABERMAS Dieser an der bürgerlichen Kunst entwickelte Begriff, den Sie unter dem Titel des affirmativen Charakters der Kunst entwickelt haben. Das ist ja eine durchaus dialektische Kategorie. Sie wollen damit sagen, daß die emanzipativen Erfahrungspotentiale sowohl neutralisiert und abgespalten als auch aufgehoben werden und erinnerungsfähig bleiben.

MARCUSE Das ist bei Kafka sicher der Fall im *Prozeß*. Es ist schwächer, verzweifelter geworden, aber das Bild ist noch da. Also auch ein Rest von Affirmation.

HABERMAS Affirmativ ist daran eigentlich nichts mehr.

MARCUSE Wenn ich den Aufsatz aus den 30er Jahren heute schreiben sollte, würde ich den affirmativen Charakter der Kunst abschwächen und mehr ihren kritisch-kommunikativen Charakter betonen, und genau der ist, meiner Meinung nach, in der sogenannten Avantgarde zugrunde gegangen.

LUBASZ Du hast von Kommunikation durch die Kunst gesprochen und vor einer Weile von der Wahrheit, die in einem Kunstwerk enthalten ist. Inwiefern unterscheidet sich die Wahrheit theoretischer Ausdrücke von der Wahrheit ästhetischer Ausdrücke?

MARCUSE Theoretische und ästhetische Wahrheit können sich nicht decken, so wie es der Theorie nicht möglich ist, sich selbst eine ästhetische Form zu geben. Die Wahrheit der Kunst liegt meiner These nach weder in der Form als solcher noch im Inhalt als solchem, sondern in dem Form gewordenen Inhalt: in der ästhetischen Form. Die Theorie bringt die Wirklichkeit auf ihren Begriff; die Kunst ist Versinnlichung des Begriffs, das bedeutet: verändernde *Entwirklichung* der gegebenen Realität. Jedes Kunstwerk ist der Realität gegenüber Dichtung, Imagination, Erfindung. Die Versinnlichung des Begriffs in der Kunst (Funktion der produktiven Einbildungskraft) terminiert nicht in der »normalen« Sinnlichkeit, sondern in deren Transformation: in einem neuen Sehen, Hören etc., die ihrerseits wieder zu einem neuen *Erkennen* führen. Zu alledem kommt in der Kunst die *Erinnerung* als schöpferische Kraft: Erinnerung an das vergangene Glück und die vergangene Trauer – nicht nur als rückwärtsgewandte Klage, sondern auch als Antrieb zur Verwirklichung der »konkreten Utopie« (Ernst Bloch), als regulative Idee einer zukünftigen Praxis.

LUBASZ Du hast unter den großen Kunstwerken die späten *Quartette* von Beethoven erwähnt. Nehmen wir die *Große Fuge* meinetwegen. Was ist der Wahrheitsgehalt der *Großen Fuge*? Das frage ich mit einem ganz bestimmten Hintergedanken. Ich vermute, daß Du, wenn Du diese Vorstellung weiterführst, darauf kommen wirst, daß die ästhetische Wahrheit mit dem Erostrieb zu tun hat.

MARCUSE Die *Große Fuge* ist eine der unendlich vielen Formen, genau das auszudrücken: die Befreiung von dem bestehenden Realitätsprinzip durch die Gestaltung einer Dynamik, in der in dem Kampf zwischen Eros und Thanatos Eros am Ende siegt. Sicherlich hat die Wahrheit der Kunst etwas mit Eros zu tun: sie ist von der im Eros wirkenden Energie der Lebenstriebe getragen und leiht dieser Energie Wort, Bild, Ton. Das geschieht im Medium des *Schönen.* (Ich glaube immer noch, daß die Idee des Schönen die Kategorie der Kunst ist. Daß bereits Schiller und Hegel das gesagt haben, macht es nicht falsch oder schlecht.) Und aus der inneren Verbindung von Eros und Schönheit im Kunstwerk kommt die Wahrheit der Kunst, der Imperativ: »Es soll (muß) Friede sein, Erfüllung, Glück.« Das normative »soll« ist hier nicht von außen oder oben oktroyiert, sondern ist die (sublimierte) Triebnotwendigkeit und der »natürliche« Gegenstand des Eros. Das Schöne ist Qualität nicht des Gegenstandes der Kunst, sondern der *ästhetischen Form*, in der der *Gegenstand* re-präsentiert ist. Sicher ist auch das *Häßliche* Gegenstand der Kunst (Goyas *Caprichos*, Daumiers Bourgeois, Picassos Frauen; in der Literatur all die unzähligen angeblichen und wirklichen Bösewichte, Übeltäter, »Unreinen«), aber in der ästhetischen Repräsentation ist es »aufgehoben«; in der ästhetischen Form nimmt es am Schönen teil.

HABERMAS Heißt das, daß die prominente Stellung der

ästhetischen Theorie bei Marcuse mit der Naturalisierung des Vernunftbegriffs zu tun hat, über die wir vorhin gesprochen haben?

MARCUSE Ja.

HABERMAS Weil die Vernunft ihre eigenen normativen Begriffe wie Gerechtigkeit, Schönheit, Menschlichkeit nicht mehr rechtfertigen kann, ist sie auf Evidenzen angewiesen, die in einem Medium wie der Kunst, d. h. in einem Medium provoziert werden, das eine von Theorie unabhängige Wurzel hat, die Wurzel des Erotischen oder der Triebnatur.

MARCUSE Sie sagen, die Vernunft kann Begriffe wie Gerechtigkeit, Schönheit usw. nicht mehr rechtfertigen.

HABERMAS Nicht mehr theoretisch rechtfertigen, nicht mehr, sagen wir, platonisch oder hegelisch – mit einem Rekurs auf die Verfassung des Seins oder die Struktur des Begriffs –, sondern sie ist darauf angewiesen, sich diese Normativität vorgeben zu lassen durch Erfahrung. Ich meine eine Art von Erfahrung, die (mit dem Schelling von 1800) das Kunstwerk als Organon der intellektuellen Anschauung ermöglicht.

MARCUSE In der Tat sollte man sich Schellings Kunstphilosophie sehr ernsthaft ansehen. Sie kommt dem sehr nahe, was ich sagen möchte. Ich bin nicht der Meinung, daß die Vernunft die Begriffe nicht rechtfertigen kann. Was soll das heißen? Sie können eine relativ einsichtige Analyse dessen geben, was Gerechtigkeit ist, was schön ist, was Schönheit ist, in Begriffen wie Harmonie z. B.; ich weiß, das ist geschehen, das kann man machen. Also: Begriffsdefinitionen sind möglich.

HABERMAS Ja, Begriffsdefinitionen, aber doch keine Begründung normativer Inhalte.

MARCUSE Begründung normativer Inhalte?

HABERMAS Ja.

MARCUSE Die normativen Inhalte wären dann in der Natur des Eros begründet, in den Gegebenheiten des Triebes, in seiner Dynamik. Andererseits meine ich durchaus nicht, daß die Kunst an die Stelle der abdankenden Vernunft tritt, als Hüterin der Normen. Die Vernunft wird ihre bürgerliche Erscheinungsform überleben. Die Theorie arbeitet weiter. So wie Theorie und Kunst auf dieselbe Wahrheit zielen, so sind sie auch derselben Vernunft verpflichtet – einer Vernunft, die *nicht* die bürgerliche ist.

SPENGLER Vielleicht hab ich das falsch verstanden ...

MARCUSE Ich weiß nicht, wie ich das klären kann, da fehlt noch etwas ganz Fundamentales. Nehmen wir mal den Begriff der Gerechtigkeit. Das Wesen der Gerechtigkeit kommt zum Ausdruck in Michael Kohlhaas. Die Wahrheit der Gerechtigkeit ist gestaltet in Michael Kohlhaas. Was Schönheit ist, kann ich nicht erkennen durch Begriffsdefinition, das kann ich erkennen, wenn ich einen der authentischen großen Romane lese oder ein Gedicht von Baudelaire oder Mallarmé. Es ist eine andere Dimension als die der theoretischen Begrifflichkeit und gleichwohl eine Dimension der Erkenntnis.

HABERMAS Gut, aber unser Problem ist doch, ob nicht Ihre Verankerung der Vernunft in der Triebnatur des Menschen die Ästhetik verlangt als diejenige Disziplin, die uns darüber aufklärt, daß wir nur anhand authentischer Kunstwerke noch Normatives überhaupt plausibel machen können.

MARCUSE Nicht Normativität überhaupt, sondern eine Normativität der Freiheit, die einem anderen Realitätsprinzip angehört. Das kann natürlich die Marxsche Theorie auch, in der Tat. Die Frage für mich ist: Worin liegt die Differenz zwischen der Wahrheit eines authentischen Kunstwerks und der Wahrheit der Marxschen Theorie? Was steuert die Kunst zu der Wahrheit der letzteren bei, wenn überhaupt etwas, oder was fehlt in der letzteren, was in der Kunst da ist? In der Kunst ist eine Tiefendimension erreicht, die auch zu einer Umwertung der Marxschen Begriffe führen müßte. Sonst ist alles zu einfach, alles zu eindimensional.

HABERMAS Ich sehe das anders. Auch die Marxsche Theorie hat eine normative Grundlage. Sie konnte damals außerordentlich einfach sein. Wenn das kapitalistische Wirtschaftssystem die Funktionen, für die es da ist, nicht erfüllt, genügt die immanente Kritik, um zu zeigen, daß der Kapitalismus unzureichend ist. Heute ist die Sache anders. Wir haben die historische Erfahrung gemacht, daß kein anderes Wirtschaftssystem die Produktivkräfte so ungeheuerlich entfaltet hat wie der Kapitalismus, und daß im übrigen das Nicht-Funktionieren dieses Gesellschaftssystems nicht mehr trivial identifiziert werden kann, etwa in terms von wachsender Verelendung. Gewiß, weltweit ist die Armut nach wie vor ein existentes und vielleicht sogar ein noch gravierenderes Problem. Wenn man den Blick mal einen Augenblick auf die entwickelten Gesellschaften allein richtet, dann sieht man aber, warum heute die Kritik dieser Gesellschaftsform einer sehr viel differenzierteren normativen Grundlage bedarf. Das ist die eine Seite. Auf der anderen Seite sind die bürgerlichen Ideale, an denen Marx den bürgerlichen Staat noch messen konnte, in einem zynischen Gemeinbewußtsein eingezogen worden.

MARCUSE Ich würde das Verhältnis der Ästhetik zur Marxschen Theorie, wenn ich's ganz kurz bezeichnen soll, so fassen, daß die Kunst aufbewahrt, was in der Idee des Sozialismus zu kurz gekommen ist.

HABERMAS Immer schon?

MARCUSE In der *Entwicklung* des Marxismus, und zwar positiv wie negativ. Positiv: die Emanzipation der Subjektivität, die auch Emanzipation der Sinnlichkeit ist, und die selbst in dem besten Sozialismus nicht aufhebbaren Invarianten, also das, was an Tragödie noch übrigbleibt, wenn die Klassengesellschaft abgeschafft ist, und das, was an notwendiger Hoffnung noch übrigbleibt, wenn die Klassengesellschaft abgeschafft ist.

LUBASZ Fällt nicht eine wichtige Dimension weg dadurch, daß man sich auf das Ästhetische versteift?

MARCUSE Nein, die beiden sind aufeinander angewiesen; die Theorie demonstriert die geschichtlich-gesellschaftlichen Möglichkeiten und Grenzen der Emanzipation. Das tut die Kunst nicht.

LUBASZ Nein, aber ich denke an den anderen Punkt. Was man theoretisch nicht mehr begründen kann, kann ästhetisch aufgezeigt werden. In einem gewissen Sinn bedeutet das Sichversteifen auf die Authentizität des Kunstwerks das Aufgeben von sozialer Kommunikation.

MARCUSE Wieso? Es ist nicht nur eine Sache des »Einfühlens«, sondern des Erkennens. Und das Erkannte ist kommunizierbar.

HABERMAS Es ist die Begründung der Vernunft in einem ihr fremden Medium. Kann man es so sagen?

LUBASZ Ja, gut, aber diese Begründung kann nur eine private sein.

HABERMAS Kann über die Authentizität von Kunstwerken

diskutiert werden und ist durch Diskussion zu entscheiden, ob sie authentisch sind?

MARCUSE Ja, natürlich kann darüber diskutiert werden, und ich habe ja auch in dem Buch versucht, beinahe sogar eine Definition von »authentisch« zu geben in terms des wirklichen Bruchs mit dem Realitätsprinzip, in terms der Vollendung der ästhetischen Form, in terms der Anwesenheit von Bildern der Befreiung usw.

SPENGLER Das ist ein reduzierter Begriff von Kunst, das ist ein literarischer Begriff von Kunst.

MARCUSE Ich vermute, daß vieles davon übertragbar ist auf die bildenden Künste und die Musik.

HABERMAS Wenn Sie das tun, müssen Sie dann nicht zu einer Einschätzung der gegenwärtigen Kunst kommen, die sich mit dem konservativen Diktum vom Ende der Avantgarde deckt? Aus dieser Perspektive scheint sich das Bild zu ergeben, daß gerade die Kategorien, die konstitutiv waren für die moderne Kunst, z. B. das Neue, das Experimentelle, das Konstruktive, zu einem geradezu selbstdestruktiven Prozeß eines beschleunigten Alterns der Moderne geführt haben, der nun versandet, versickert. Im Feuilleton der *FAZ*, aber nicht nur dort, wird das auf die Formel vom Ende der Avantgarde gebracht. Würden Sie dem zustimmen?

MARCUSE Ich würde dem nur insoweit zustimmen, als das, was *diese* Avantgarde macht, nichts mehr mit Kunst zu tun hat.

HABERMAS Sie werden mit Gehlen in einen Topf geworfen.

MARCUSE Das stört mich nicht.

IV.

HABERMAS Können wir kurz auf das Verhältnis von Philosophie und Wissenschaft zu sprechen kommen? Es scheint so zu sein, daß Horkheimer und das ganze Institut in den frühen 30er Jahren die Rolle der Einzelwissenschaften positiver eingeschätzt haben als dann seit den 40er Jahren. Sie haben freilich in dem Aufsatz *Philosophie und kritische Theorie* bereits starke Einschränkungen im Hinblick auf Erkenntnisfunktionen der Einzelwissenschaften gemacht. Sie schreiben da S. 124:

»Die kritische Theorie der Gesellschaft war zunächst der Ansicht, daß für die Philosophie nur die Verarbeitung der allgemeinsten Resultate der Wissenschaften übrigbleibe. Auch sie ging davon aus, daß die Wissenschaften zur Genüge ihre Fähigkeit gezeigt hätten, der Entfaltung der Produktivkräfte zu dienen, neue Möglichkeiten eines reicheren Daseins zu erschließen.«

Aber dann:

»Wissenschaftlichkeit als solche ist niemals schon eine Garantie für Wahrheit und erst recht nicht in einer Situation, wo die Wahrheit so sehr gegen die Tatsachen spricht und hinter den Tatsachen liegt wie heute.«

Das klingt bereits nach einer, wie soll ich sagen, Wiederaufwertung der philosophischen Form von Erkenntnis gegenüber den Einzelwissenschaften. Wie stehen Sie dazu heute?

MARCUSE Gemeint ist hier, daß selbst eine vollendete wissenschaftliche Methode noch keineswegs eine Garantie für Wahrheit ist.

HABERMAS Halten Sie eine Unterscheidung zwischen Philosophie und Wissenschaft nach wie vor für sinnvoll? Und wenn ja, was ist dann das, was Sie betreiben, ist es eher Philosophie oder eher Wissenschaft?

MARCUSE Die kritische Gesellschaftstheorie hat niemals behauptet, daß die Wahrheitskriterien und Wissenschaftskriterien, wie sie in den Naturwissenschaften gelten, für die Philosophie und die Sozialwissenschaften Geltung haben.

HABERMAS Aber bleiben wir mal bei den Sozialwissenschaften.

MARCUSE Einverstanden.

HABERMAS Bei Linguistik, Psychologie, Politikwissenschaften.

MARCUSE Eine Beweisführung, wie sie in der Physik und Mathematik üblich und geboten ist, ist hier nicht möglich.

HABERMAS Ich glaube, Herbert, das ist noch nicht unser Problem. Ich habe es noch nicht genau genug erklärt. Sie haben in den frühen 30er Jahren für sich die Psychoanalyse entdeckt. Das war zunächst einmal ein von Medizinern abgestecktes, ein spezielles Gebiet mit der Neurosenlehre als Kern. Von dieser Theorie haben Sie ja zweifellos gelernt, Sie zehren davon bis auf den heutigen Tag. Halten Sie es grundsätzlich für möglich, daß es auch heute Sozialwissenschaften gibt, wie die Wirtschaftstheorie oder Piagets Entwicklungspsychologie, von der Sie auf die gleiche Weise lernen könnten, wie Sie von der Psychoanalyse gelernt haben? Ich sehe ein Wechselverhältnis zwischen Gesellschaftstheorie und Einzelwissenschaften.

MARCUSE In dem Felde, in dem ich theoretisch arbeite, bringt z. B. die Erfindung der Neutronenbombe qualitativ nichts Neues.

HABERMAS Aber ich spreche von den Sozialwissenschaften.

MARCUSE Von den Sozialwissenschaften, gut. Die Neutronenbombe trägt nichts bei zu einem besseren Verständnis der gegenwärtigen Gesellschaft.

HABERMAS Doch, zur Unterscheidung der Gewalt gegen Menschen von der Gewalt gegen Sachen trägt sie eine ziemlich ironische Illustration bei.

MARCUSE Diese Unterscheidung ist ja nicht neu.

SPENGLER Aber die Frage würde sich ja stellen z. B. auf dem Gebiet der Psychoanalyse. Wie weit werden Veränderungen auf dem Gebiet der Psychoanalyse reflektiert aufgenommen in Gesellschaftstheorie?

MARCUSE Ich kann ohne Freuds Metapsychologie nicht verstehen, was heute vorgeht – wenn ich nicht den Freudschen Begriff des Destruktionstriebes zur Erklärung, als Hypothese zugrunde lege: die Intensivierung dieses Triebes ist heute für die Machthaber eine politische Notwendigkeit. Ohne diese Hypothese müßte ich glauben, daß die ganze Welt verrückt geworden ist und daß wir von Irrsinnigen oder von Verbrechern oder von Idioten regiert werden und daß wir uns das alle gefallen lassen.

HABERMAS Herbert, lassen Sie es mich noch einmal auf eine andere Weise versuchen. Sie weichen immer aus.

MARCUSE Natürlich, das ist mein Lebenstrieb.

HABERMAS Wenn man eine Befragung unter Wissenschaftlern machte, dann würde man wohl mehr oder weniger die folgenden Vorstellungen verbreitet finden: daß mit dieser Wissenschaft, die auf organisierte Diskussion und methodisch zugerichtete Erfahrung angewiesen ist, ein »self-propelling mechanism« angelegt ist, der garantiert, jedenfalls »in the long run«, daß ein Wachstum an theoretischem Wissen herauskommt.

MARCUSE Wer sagt das?

HABERMAS Das ist die herrschende Auffassung von Wissenschaft. Zu dieser Auffassung gehört u. a. Vertrauen darauf, daß die Wissenschaft zwar immer wieder ideologische Funktionen übernehmen kann, daß sie aber stets einer Selbstkorrektur fähig ist, die auf längere Sicht gewährleistet, daß das Ganze nicht in bloßer Ideologieproduktion endet. Nach dieser Vorstellung organisiert das Wissenschaftssystem Lernprozesse, die uns der Wahrheit näher bringen. Wenn man diese Auffassung teilte, dann fiele es schwer, noch eine Autonomie des philosophischen Denkens gegenüber dem wissenschaftlichen Denken zu behaupten. Man müßte, wie der Horkheimer von 1930 davon ausgehen, daß die Entwicklung der Gesellschaftstheorie letzten Endes an den Fortschritt der Einzelwissenschaften gebunden ist.

MARCUSE In einem nicht sehr tiefen und durchgreifenden Maße. Philosophie z. B. ist auf die Einzelwissenschaften angewiesen und von ihnen abhängig. Es wäre heute unmöglich, die *Summa* des Thomas von Aquin zu schreiben, die Welt darzustellen als Schöpfung Gottes usw. usw. In diesem Sinne, in der Tat, zieht die Wissenschaft der Philosophie bestimmte und unüberschreitbare Grenzen.

V.

HABERMAS Ich würde jetzt ganz gern zu dem Themenbereich Theorie und Praxis, Revolution und Reformismus übergehen. Marx hat ja in den *Deutsch-Französischen Jahrbüchern* noch die Ideen der bürgerlichen Revolution als Maßstab für eine immanente Kritik sowohl an der Hegelschen Staatsphilosophie als auch an den existierenden Staaten seiner Zeit gebraucht. Später interessiert er sich eigentlich für den Staat nur noch als Überbau-Phänomen, d. h. im Zusammenhang mit den funktionalen Erfordernissen des Akkumulationsprozesses. Er analysiert den bürgerlichen Staat nicht mehr immanent, kritisiert ihn nicht mehr anhand der eigenen Ideen usw. Damit mag es zu tun haben, daß das Erbe der bürgerlichen Emanzipationsbewegung, soweit es in den Verfassungsideen der bürgerlichen Staaten, der nichtfaschistischen bürgerlichen Staaten verkörpert ist, nicht ungeteilt von der Arbeiterbewegung und erst recht nicht vom bürokratischen Sozialismus aufgenommen worden ist. Sonst könnte Carter, aus welchen instrumentellen Gründen auch immer, die Menschenrechte heute nicht zu einem Thema machen, das kritische Funktionen gegenüber den etablierten sozialistischen Staaten hat. Nun habe ich den Eindruck, daß sich eine bereits bei Marx angelegte Unterschätzung der freiheitverbürgenden Funktionen des bürgerlichen oder des formalen Rechtes auch in der älteren Frankfurter Theorie fortgesetzt hat. Das war insofern verständlich, als sich damals die Staatstheorie in Auseinandersetzung mit der Weimarer Demokratie bereits aus der Perspektive des heraufziehenden und dann des zur Herrschaft gelangten Faschismus entwickelt hat. Und die Grundthese war ja damals, daß der Faschismus schließlich die dem Monopolkapitalismus angemessene Form des bürgerlichen Staates sei.

MARCUSE Augenblick mal, mit sehr großen Einschränkungen. Z. B. haben wir in den Vereinigten Staaten Monopolkapitalismus, keinen Faschismus. Man kann nicht sagen, daß das eine zurückgebliebene Form der monopolkapitalistischen Entwicklung sei. Die These, wenn sie damals vom Institut vertreten wurde, war wesentlich ausgerichtet auf die spezifischen Bedingungen der Weimarer Republik.

HABERMAS Waren Sie nicht damals im Kielwasser des Aufsatzes von Pollock über den Staatskapitalismus doch der Meinung, daß der Faschismus einfach die bürgerliche Welt verändert, auch in dem Sinne verändert, daß nach dem Faschismus alle bürgerlichen Staaten mehr oder weniger faschistisch sein würden?

MARCUSE Ja, ja. Genauer, daß die nachfaschistischen bürgerlichen Staaten die Errungenschaften der bürgerlichen Demokratie allmählich abzubauen gezwungen wären. Das war mein Begriff der präventiven Gegenrevolution.

HABERMAS Nun haben wir in den drei Nachkriegsjahrzehnten in den westlichen Gesellschaften und sogar in der Bundesrepublik und in Japan politische Systeme, die auf Parteienkonkurrenz beruhen und in denen die Grundrechte so weit gesichert sind, wie das weder für den Faschismus noch (ohne daß ich da Parallelen unmittelbarer Art herstellen möchte) für den bürokratischen Sozialismus gilt. Muß man das nicht als den Kern sozusagen der Wahrheit des Reformismus ansehen?

MARCUSE Die Wahrheit des Reformismus ist, daß die bürgerliche Demokratie immerhin unendlich viel besser ist als der Faschismus. Das ändert nichts an der Tatsache, daß die reformistischen Parteien die Stabilisierung des bestehenden Systems besorgen.

Es ist wohl beides der Fall. Die bürgerliche Demokratie, wenn sie nach dem Faschismus überhaupt möglich ist, ist erstrebenswert gegenüber der Gefahr des Faschismus. Aber es sieht so aus, als ob genau diese bürgerliche Demokratie von der Bourgeoisie, vom Großkapital selbst dauernd abgebaut und verstümmelt wird. Wenn ich mich umsehe, nicht nur in der Bundesrepublik, erkenne ich in den Parteienkonkurrenz-Demokratien keine sonderlich große Anstrengung, z. B. die Willkür der Polizei einzuschränken. Und was die Kampagne mit den Menschenrechten angeht, so scheint mir, daß Herrn Carters Begriff von Menschenrechten überaus deutlich geographisch und strategisch definiert ist.

HABERMAS Er gibt sich ja mit Südamerika immerhin Mühe.

MARCUSE Und der Iran? Und Brasilien? Und Südafrika, vor allem Südafrika und Rhodesien? Es ist ein merkwürdiger Begriff. Ich meine, überspitzt formuliert, was notwendig erscheint, ist eine zweite bürgerliche Revolution, weil die Bourgeoisie unter dem Regiment des Großkapitals ihre eigenen Errungenschaften angetastet oder preiszugeben begonnen hat und weil die Arbeiterklasse in zunehmendem Maße bürgerlich geworden ist. Also mag die Vorstufe der Veränderung sehr wohl als eine neue bürgerliche Revolution erscheinen.

HABERMAS Dubiel, den ich vorhin erwähnt habe, hat die zweite Hälfte seines Buches über das Frankfurter Institut in New York überschrieben mit dem Titel *Die Integration des Proletariats und die Einsamkeit der Intelligenz*.

MARCUSE Gott, bin ich einsam.

HABERMAS Das bezieht sich auf den Umstand, daß die Kritische Theorie ihren ursprünglichen Adressaten verloren hat mit der Integration des Proletariats, eine empirische Hypothese, die Sie ja bis heute, ich auch, aufrechterhalten haben.

MARCUSE Was?

HABERMAS Die Integration des Proletariats in das kapitalistische System. Das ist ein empirischer Vorgang ...

MARCUSE ... aber nicht die Schuld der Kritischen Theorie.

HABERMAS Nein, aber eine empirische These, die Sie aufrechterhalten und die ein Problem für jede marxistische Theorie bildet. Das Verhältnis von Theorie und Praxis ist von dem frühen Lukács in *Geschichte und Klassenbewußtsein* etwa so stilisiert worden: die Theorie ist nur die Reflexionsform eines Klassenbewußtseins, das in gewissen Formen und Vorformen empirisch identifiziert werden können muß. Diese Version haben Sie und Horkheimer und Adorno niemals akzeptiert. Wenn ich recht sehe, haben die Frankfurter immer eine Doppelstellung eingenommen. Sie haben einerseits gegen die traditionelle Theorie, d. h. die herkömmliche Philosophie, und andererseits gegen die philosophisch bewußtlosen Einzelwissenschaften Stellung bezogen und zur Geltung gebracht, daß eine auch gegenüber sich selbst kritische Theorie aus der Reflexion des historischen Zusammenhangs hervorgehen muß, in dem sie selber steht. In seinem berühmten Aufsatz *Traditionelle und kritische Theorie* hat Horkheimer das als Zusammenhang der wissenschaftlichen Aktivität mit dem gesellschaftlichen Arbeitsprozeß begriffen.

MARCUSE Ja.

HABERMAS Das ist die eine Frontstellung; die andere Frontstellung richtete sich gegen die Verzerrungen der marxistischen Theorie, sei es durch den Dogmatismus des *Diamat*, sei es durch den Revisionismus der Zweiten und Dritten Internationale. Die Kritische Theorie wollte der Intention der Marxschen Theorie in einer veränderten Realität treu bleiben.

MARCUSE Hm.

HABERMAS Diese Theorie hat doch die eigentliche, nämlich die im 20. Jahrhundert fortgeführte Marxsche Theorie sein wollen?

MARCUSE Richtig.

HABERMAS Dann muß sich mit der zu Recht diagnostizierten politischen Integration des Proletariats in das bürgerliche System doch ein Problem ergeben. Ich will das kurz in den Worten von Dubiel wiedergeben, weil mir das im wesentlichen richtig zu sein scheint. Er sagt:

»In den politischen Deutungsschemata des Frankfurter Kreises in den 40er Jahren sind das Klassenbewußtsein des Proletariats und die wissenschaftliche Arbeit an einer kritischen Gesellschaftstheorie in keiner Weise mehr miteinander zu vermitteln. Die innergesellschaftlichen Machtverhältnisse im nationalsozialistischen Deutschland und im faschistisch beherrschten Kontinentaleuropa nötigten darüber hinaus zu Zweifeln, ob unter den gegebenen politisch-historischen Bedingungen das Proletariat überhaupt noch als Adressat revolutionärer Theoriebildung in Frage kommen würde. 1944 dann, in der ›Dialektik der Aufklärung‹, bekennen Horkheimer und Adorno offen, daß ihre Theorie, die einmal in programmatischer Selbstdeutung als theoretische Unterstützung des proletarischen Kampfes begonnen hatte, ihren Adressaten vollends verloren hatte.«

Jetzt folgt ein Zitat aus der *Dialektik der Aufklärung:*

»Wenn die Rede heute an einen sich wenden kann, so sind es weder die sogenannten Massen, noch der Einzelne, der ohnmächtig ist, sondern eher ein eingebildeter Zeuge, dem wir es hinterlassen, damit es doch nicht ganz mit uns untergeht.«

Sie kennen diese Formulierungen. Wie sehen Sie das heute? Oder hat sich Ihnen in den 40er Jahren die Sache anders dargestellt als Horkheimer und Adorno?

MARCUSE Dieser Formulierung kann ich nicht zustimmen. Die Sache mit dem Adressaten: das sieht so aus, als ob es irgendwo auf der Erde oder nicht auf der Erde einen Agenten gibt, eine Klasse, Gruppe, an die man sich wenden kann. Das läuft genau auf eine Verdinglichung des Klassenbegriffs hinaus. Daß das Proletariat integriert ist, ist nicht mehr der richtige Ausdruck für den Tatbestand. Man muß viel weiter gehen. Heute, im Spätkapitalismus, ist in der Arbeiterklasse das Marxsche Proletariat, sofern es überhaupt noch existiert, nur eine Minorität. Die Arbeiterklasse selbst ist in ihrem Bewußtsein und in ihrer Praxis zum großen Teil verbürgerlicht. Und deshalb kann man die verdinglicht festgehaltenen Marxschen Begriffe nicht unmittelbar und rigide auf die gegenwärtige Situation anwenden. Die erweiterte Arbeiterklasse, die heute 90% der Bevölkerung ausmacht und die große Majorität der »White-collar-workers«, der »service workers« einschließt, mit anderen Worten: fast alles, was Marx als produktive Arbeiter bezeichnet hat, diese Arbeiterklasse bleibt zwar der potentielle Agent, das Subjekt der Revolution; aber die Revolution selbst wird ein ganz anderes Projekt sein, als sie es für Marx gewesen ist. Man wird mit Gruppen zu rechnen haben, die in der ursprünglichen Marxschen Theorie so gut wie keine Bedeutung hatten und nicht zu haben brauchten, z. B. mit den berühmten marginalen Gruppen wie den Studenten, den unterdrückten rassischen und nationalen Minoritäten, den Frauen, die keine Minorität sind, sondern eher eine Majorität, den Bürgerinitiativen usw. Das heißt nun freilich nicht, daß dies die Ersatzgruppen sind, die die neuen Subjekte der Revolution werden. Es sind dies, wie ich es genannt habe, antizipierende Gruppen, die als Katalysatoren wirken können, aber nicht mehr.

SPENGLER Wie wirken die Gruppen auf die Theorieformulierung zurück?

MARCUSE Worauf?

SPENGLER Auf die Formulierung der Theorie.

MARCUSE Die Theorie muß umformuliert werden, aber nicht nur deshalb, weil diese Gruppen ins Spiel gekommen sind, sondern vor allem wegen der völlig neuen Zusammensetzung und des gewandelten Bewußtseins der Arbeiterklasse, und weil es dem Kapitalismus gelungen ist, sich zu stabilisieren. Das läuft letzten Endes, meiner Meinung nach, darauf hinaus, daß wir uns ein Revisionsmodell suchen müssen, nach dem die Revolution nicht aufgrund von Verelendung usw. ausbricht, sondern auf der Basis der sogenannten Konsumgesellschaft. Die Revolution im Kontext der Konsumgesellschaft ist heute das Problem.

SPENGLER Das erscheint mir widersprüchlich. Die marginalen Gruppen, die Du erwähnt hast, sind ja durch ihre ökonomische Lage definiert. Ich komme nochmal auf die Frage zurück: Wie entwickelt sich die Theorie, die zum einen die durchaus noch bestehenden sozialen Mißstände der klassischen Art, der materiellen Not, inkorpiert und zum anderen auf ein ganz anderes Phänomen wie z. B. das der Unterdrükkung der Frauen rekurriert?

MARCUSE Das Kriterium ist die Unterdrückung. Ob die Unterdrückung nun mit dem früheren Begriff der Situation des Kleinbürgertums und des Proletariats zu fassen ist oder nicht, das ist eine andere Frage. Wie ich eben gesagt habe, ungefähr 90% der Bevölkerung sind heute abhängig vom Kapital und verkaufen ihre Arbeitskraft, weil sie nichts anderes zu verkaufen haben und keinerlei Verantwortung oder

Partizipation haben in der Kontrolle des Produktionsprozesses. Alle diese Kriterien entsprechen dem Marxschen Begriff der Arbeiterklasse. Die Frauen befinden sich in einer besonderen Lage, weil für sie zu der Unterdrückung, die sie mit den Männern teilen als Arbeiterinnen, im Büro oder in der Fabrik, die Unterdrückung in der Privatsphäre hinzukommt. Diese doppelte Unterdrückung hat eine lange Geschichte, die nicht nur eine psychische, ökonomische und politische, sondern auch eine kulturelle Seite hat.

HABERMAS Sie haben die Formel vom abhanden gekommenen Adressaten ein bißchen mit der linken Hand abgetan. Eine kritische Gesellschaftstheorie, die sich als Organ der Selbstaufklärung eines historischen Prozesses versteht, muß nach Indikatoren suchen, wo im historischen Prozeß selbst ein Bewußtsein entsteht, das von dieser Theorie explizit gemacht werden kann. Und nun findet man diese Indikatoren nach der eigenen Diagnose nicht mehr in den Kernschichten des Proletariats, sondern nur noch dort, wo a) Marx sie nicht vermutet hat und wo b) auch der Träger eines Umwälzungsprozesses nicht primär lokalisiert werden kann, nämlich z. B. in den Randschichten und bei den Frauen. Ich frage mich, ob das nicht doch eine stärkere Revision der Theorie zur Folge haben müßte, als Sie das im Augenblick andeuten.

MARCUSE Es wird mir zunehmend fraglich, ob man von den Studenten heute überhaupt als einer Randgruppe sprechen kann. In den Vereinigten Staaten gibt es über 10 Millionen Studenten. Die Studenten werden mit der Intellektualisierung des Arbeitsprozesses immer wichtigere Agenten im Produktionsprozeß selbst. Schon deshalb ist mir die Formulierung »Randgruppe« zu ideologisch. Von der Tätigkeit her gesehen, befinden sich die Studenten in der Vorfront eines Emanzipationskampfes, jedenfalls nicht mehr im Ghetto einer Randgruppe.

HABERMAS Stimmt das?

MARCUSE Das stimmt überall. Es stimmt in Lateinamerika, es stimmt in Asien, und es stimmt sogar in Afrika.

LUBASZ Nur nicht in Europa.

MARCUSE Doch, auch in Europa, ja sogar in dem höchstentwickelten Land der Welt, in den USA.

HABERMAS Jetzt kommen wir zur Einschätzung der Studentenbewegung. Inwieweit kann man heute noch ähnliche Erwartungen an die Studenten als organisationsfähige Gruppen knüpfen, wie wir das alle 1967/69 getan haben? Ist das empirisch noch zu halten?

MARCUSE Haben wir das alle getan? Haben Sie und habe ich angenommen, daß das die Revolution war?

HABERMAS Nein, weiß Gott nicht.

MARCUSE Na also.

HABERMAS Aber wir haben gesagt – und Sie haben das als erster auf den Begriff gebracht –, in diesen Sektoren bildeten sich kritische Potentiale, bildeten sich Erfahrungen (Sie haben das unter das Stichwort der »neuen Sensibilität« gebracht), die systemkritischer Natur sind, die gewiß nicht unmittelbar umwälzende Folgen haben, aber immerhin ein Anzeichen für eine spontan erzeugte Bewußtseinsformation sind.

MARCUSE Das sage ich heute noch. Die Studentenbewegung hat diejenigen Bilder realer Möglichkeiten bewußtgemacht, die im traditionellen Marxismus tabuiert oder niedergehalten wurden. Sie war die erste Bewegung, die die sozialistische Revolution wieder als eine qualitative Differenz und den Aufbau des Sozialismus als eine qualitativ andere Gesellschaft gedacht hat, weitab von dem Fetischismus der Produktivkräfte. Die Produktivkräfte sind in den kapitalistischen Ländern längst hinreichend entwickelt, wenn nicht überentwickelt. Worum es ging und worum es immer noch geht, ist ein neues Realitätsprinzip. Das wird bei Marx nicht thematisch; es ist zwar als Spur da, besonders in den Jugendschriften, aber verschwindet dann.

HABERMAS Was kann man denn heute empirisch sagen über die politische Relevanz der progressiveren Gruppen innerhalb der Studentenschaft? Die Studentenbewegung ist als Bewegung zerfallen.

MARCUSE Das ist richtig, und es ist dies die logische Folge des Gegenschlags, der nach 1968 eingesetzt hat. Wie immer hat die herrschende Klasse ein viel besseres und genaueres Bewußtsein von der Bedeutung der Oppositionsbewegung gehabt als die Bewegung selbst; sie hat nämlich gesehen, daß hier wirklich Gefahr im Verzuge war, und den Explosivstoff dann rasch zugeschüttet. Unter dem Druck verschärfter Repression in den Vereinigten Staaten, in Frankreich und in der

Bundesrepublik ist die Bewegung zerfallen; aber im Zerfall haben sich die Ideen der Bewegung verbreitet und sind übergegangen auf andere Schichten der Bevölkerung. Ich habe mehrfach darauf hingewiesen und will es ganz kurz wiederholen: Wir konstatieren einen Kollaps der sogenannten Arbeitsethik. »Im Schweiße Deines Angesichts sollst Du Dein Brot essen« – wer dekretiert dieses Sollen?

HABERMAS Unsere Kultusministerien versuchen, die protestantische Arbeitsethik wieder auf administrativem Wege zu etablieren.

MARCUSE Das ändert nichts an der Tatsache, daß die Qualität der Waren sich dauernd verschlechtert, daß in den USA die Akte der anonymen Sabotage zunehmen, daß der Absentismus heute größer ist als je zuvor usw. Wie viele Millionen von Automobilen hat die amerikanische Automobilindustrie in den letzten Jahren zurückrufen müssen, weil gravierende Bearbeitungsmängel hervorgetreten waren? Gleichzeitig aber beobachten wir die erfolgreiche Eingliederung, repressive Eingliederung des Gewerkschaftsapparates in das System. Die Allianz zwischen Kapital und Arbeit funktioniert, weil mit der anhaltenden Arbeitslosigkeit Anpassung immer wichtiger für Arbeiter wird, wenn sie leben und überleben wollen.

HABERMAS Seit 1973 ist das doch zum ersten Mal als ein Massenphänomen aufgetaucht, daß Arbeitslosigkeit per se diszipliniert.

MARCUSE War das nicht immer so?

SPENGLER Das ist eine alte Geschichte. Das ist in der Mitte des 19. Jahrhunderts genauso belegbar.

MARCUSE Ich glaube, das war immer so. Ich meine das nicht nur im Sinne der Disziplinierung der Arbeitsmoral, sondern auch der politischen Disziplinierung.

LUBASZ Nein, man kann umgekehrt sagen, daß dann, wenn eine Krise schon so groß ist, daß es massenhaft Arbeitslosigkeit gibt, der Radikalismus dadurch verstärkt wird, daß man von Politik und Wirtschaft verlangt, Arbeitsplätze zu schaffen. Dann kommt es zu solchen Erscheinungen wie Massenstreiks, so z. B. zum Generalstreik in England 1926. Solange aber die Chance besteht, daß die meisten weiterarbeiten können, und solange die Arbeitslosigkeit marginal ist, dominiert die Anpassung an das System, weil man ja die Hoffnung hegt, einen Posten, einen Job zu finden.

MARCUSE Die Frage ist, und darin liegt meiner Meinung nach der wirkliche Beweispunkt der Marxschen Theorie: Wie lange dauert die Stabilisierung des Spätkapitalismus? Werden sich die inneren Gegensätze, welcher Art sie auch sein mögen – ich glaube nicht, daß es nur die sind, die Marx formuliert hat –, wirklich verschärfen oder wird es dem Kapitalismus gelingen, für *absehbare* Zeit sich zu befestigen auf der Basis eines verstärkten ökonomischen und politischen Imperialismus, vielleicht sogar mit China und UdSSR als Markt? Wenn *das* eintreten sollte, dann können die Herrschenden für einige hundert Jahre ruhig schlafen. Dann wird es keine Revolution geben.

SPENGLER Das ist eine Rechtfertigung der Flaschenpost.

HABERMAS Ist der Eurokommunismus das neue Modell, von dem Sie gesprochen haben?

MARCUSE Der Eurokommunismus ist kein Revolutionsmodell. Der Eurokommunismus, soweit wir das heute beurteilen können, ist der treue Reflex der bestehenden Machtverhältnisse auf der einen Seite, der inneren und äußerlichen Verbürgerlichung der Arbeiterklasse auf der anderen Seite.

HABERMAS Eine zweite Generation Sozialdemokratismus?

MARCUSE Es ist zu früh, das mit Bestimmtheit zu sagen; es mag sehr wohl sein, daß z. B. in Frankreich das linke Kartell noch vor den Wahlen zerfällt. Dann würde sich natürlich die Politik der Kommunistischen Partei abermals ändern. Da fallen Prognosen schwer.

HABERMAS Welches Modell einer Umwälzung ist denn realistisch vorzustellen heute?

MARCUSE Was ich mir vorstellen kann, ist: eine Zuspitzung des Protestes, örtlich und regional organisiert, das Ausbrechen einzelner Betriebe aus dem System, Radikalisierung der Selbstverwaltung – eine diffuse Desintegration, die sozusagen ansteckend wirkt. Der spezifische Anlaß ist nicht vorhersehbar.

HABERMAS Also Spätkapitalismus als indeterministisches System – systemgefährdende Konflikte können kontingenterweise überall ausbrechen?

Eine andere Frage: Was bedeuten die neuen populistischen Strömungen? Eine Allianz von konservativ gesonnenem Mittelstand, radikalen Studenten, anderen Teilen der Intelligenz, die sich in Bürgerinitiativen zusammenfinden, etwa jetzt gegen Kernenergie. Das sind Einrichtungen, die in der Bundesrepublik, in Frankreich seit einiger Zeit zu beobachten sind.

SPENGLER Kann man vielleicht vorher klären, warum Sie den Ausdruck »populistisch« gebrauchen?

HABERMAS Populistisch, weil . . .

MARCUSE . . . in Amerika wird es so genannt . . .

HABERMAS . . . erstens, weil es keine klare Zurechnung zu sozialen Gruppen gibt, und zweitens, weil die politischen Orientierungen im wesentlich negativ bestimmt sind durch die Abwehr von anonymen bürokratischen Strukturen, durch die Abwehr dessen, was subjektiv als Gefahr des technischen Fortschritts erfahren wird, durch die Abwehr von nicht sehr präzise analysierten Gefahren schlechthin. Solche Gruppen werden nicht durch eine gemeinsame politische Zielperspektive zusammengehalten. Ist das nicht auch dem traditionellen Populismus eigen?

MARCUSE Ja, in der Tat.

LUBASZ Darf ich dazu etwas sagen. In der Marxschen Theorie gilt die Annahme, daß die Weiterentwicklung der Produktivkräfte etwas Gutes, daß sie wünschenswert sei. Marx sieht nicht voraus, daß der Punkt kommen könnte, an dem die Entwicklung der Produktivkräfte negative Folgen haben könnte. Das Interessante bei diesen Kombinationen von radikalen Studenten, Bauern, Bürgern usw. ist, daß sie eben dagegen sich wehren, daß die Produktivkräfte immer weiter entfaltet werden, und das Paradoxe im Sinne der Marxschen Theorie könnte man darin sehen, daß z. B. sehr starke Unterstützung für den Aufbau von Atomkraftwerken ausgerechnet von den Gewerkschaften kommt.

MARCUSE Das hat weniger mit Theorie als mit Job zu tun.

LUBASZ Ja, aber das widerspricht der theoretischen Annahme, wenn ich das nicht falsch verstanden habe.

MARCUSE In der Theorie selbst ist es durchaus enthalten – in der Diagnose, daß mit der Weiterentwicklung des Kapitalismus die Produktion von Verschwendung und Luxus sowie die Destruktion zunehmen werden. Das ist ja einer der Hauptsätze.

HABERMAS Lieber Herbert, schönen Dank für Ihre Geduld.

Weiblichkeitsbilder

Gesprächsteilnehmer: Herbert Marcuse, Silvia Bovenschen, Marianne Schuller

I.

BOVENSCHEN/SCHULLER Herr Marcuse, Ihre Bestimmungen der geschlechtsspezifischen Qualitäten sind auf allgemeine kulturtheoretische und kulturhistorische Muster zu beziehen. Es erscheint daher sinnvoll, diese Muster, die die Vorstellungen von dem, was als ›Weiblichkeit‹ gilt, regieren, in den Vordergrund des Gesprächs zu rücken.

Sie charakterisieren – wenn wir Sie recht verstehen – die positiven Momente des Weiblichen durch Qualitäten wie Passivität und Rezeptivität. Nun handelt es sich hierbei ja um eine durchaus traditionelle Zuordnung von Eigenschaften, die allerdings eine Umwertung erfährt: gerade diese vormals so gering geschätzten Qualitäten sollen sich jetzt gesamtgesellschaftlich durchsetzen . . .

MARCUSE »Passivität« und »Rezeptivität« können leicht als Synonyme für Unterwürfigkeit mißverstanden werden. Ich meine das Gegenteil: Protest gegen destruktive Produktivität, gegen Aggression, Leistungsprinzip. Und diese Qualitäten würden sich nicht nur in der Sphäre der Konsumtion und des Privaten, sondern auch in der Sphäre der Produktion und der Kontrolle über die Produktion durchsetzen, positiv gewendet: in Richtung auf eine Gesellschaft, in der Unterdrückung allmählich verringert wird. Wir können das zunächst einmal negativ bestimmen und negativ bestimmt sein lassen.

BOVENSCHEN/SCHULLER Traditionell allerdings wurde mit diesen sensiblen Qualitäten, die Sie aus der kulturgeschichtlichen Konditionierung der Frauen herleiten, deren vermeintliche Inferiorität begründet. Das Weibliche wurde in den kulturtheoretischen Überlegungen unter den Primat der Sinnlichkeit gestellt. Darin lag jedoch stets eine Ambivalenz. Während in den Imaginationen, in der Literatur, in den Träumen das mit den Qualitäten des Sinnlichen versehene

Weibliche als Glücksversprechen und Sehnsuchtsmotiv fungierte, wurden die Frauen in der Realität eben aufgrund dieser vermeintlichen oder tatsächlichen Eigenschaften diskriminiert.

MARCUSE Zum Beispiel?

BOVENSCHEN/SCHULLER Dafür gibt es ungezählte Beispiele. Aber um dem Vorwurf, daß wir es uns zu leicht machten, zu entgehen, ließe sich als ein avanciertes Beispiel die Schrift Schillers *Über die ästhetische Erziehung des Menschen* anführen. Bei diesem Titel geht man davon aus, daß das Thema Frauen und Männer gleichermaßen betrifft. Diese Annahme erweist sich als naiv. Denn den Frauen kommt deutlich ein Sonderstatus zu, der auf nur wenigen Seiten abgehandelt wird. Es heißt dort:

»Das andere Geschlecht kann und darf, seiner Natur und *seiner schönen Bestimmung* nach, mit dem männlichen nie die *Wissenschaft*, aber durch *das Medium der Darstellung* kann es mit demselben die *Wahrheit* teilen. [. . .] Dieses Geschlecht, das, wenn es auch nicht durch Schönheit herrschte, schon allein deswegen das schöne Geschlecht heißen müßte, weil es durch Schönheit beherrscht wird, zieht alles, was ihm vorkommt, vor den Richterstuhl der Empfindung, und was nicht zu dieser spricht oder sie gar beleidigt, ist für dasselbe verloren. Freilich kann ihm in diesem Kanal nur die Materie der Wahrheit, aber nicht die Wahrheit selbst überliefert werden, die von ihrem Beweis unzertrennlich ist.«

MARCUSE Bei Schiller trägt der Begriff der Empfindung einen positiven Akzent. Die Empfindung wird zum Organ der Wahrheitssuche und des Habens von Wahrheit. Was er mit dem Unterschied von Wahrheit und Materie der Wahrheit meint, verstehe ich im Augenblick nicht.

BOVENSCHEN/SCHULLER Wir wollen ein Stückchen weiterlesen, weil es dann klarer wird:

»Das Geschäft also, welches die Natur dem anderen Geschlecht nicht bloß nachließ, sondern verbot, muß der Mann doppelt auf sich nehmen, wenn er anders dem Weibe in diesem wichtigen Punkt des Daseins auf gleicher Stufe begegnen will. Er wird also so viel als er immer nur kann aus dem Reich der Abstraktion, wo er regiert, in das Reich der Einbildungskraft und Empfindung hinüberzuziehen versuchen, wo das Weib zugleich Muster und Richterin ist. Er wird, da er in dem weiblichen Geiste keine dauerhaften Pflanzungen anlegen kann, so viele Blüten und Früchte als immer möglich ist, auf seinem eigenen Feld zu erzielen suchen, um den schnell verwelkenden Vorrat auf dem anderen desto öfter erneuern und da, wo keine natürliche Ernte reift, eine künstliche unterhalten zu können. Der Geschmack verbessert oder verbirgt den natürlichen Geistesunterschied beider Geschlechter. Er nährt und schmückt den weiblichen Geist mit den Produkten des männlichen und läßt das reizende Geschlecht empfinden, wo es nicht gedacht, und genießen, wo es nicht gearbeitet hat.«

MARCUSE Was ist dagegen einzuwenden?

BOVENSCHEN/SCHULLER Es geht, von unserer Fragestellung her, um folgenden ablesbaren Sachverhalt: Zwar wird der Bereich des Sinnlichen, der ›Empfindung‹, aufgewertet – im Vergleich etwa zur Regelästhetik der Aufklärung –, die Frau aber erscheint in diesem Prozeß nur indirekt als Ausdrucksträgerin jenes neu erschlossenen Bereichs. Mit andern Worten: Der Frau werden keine eigenständigen kreativen Fähigkeiten zuerkannt. Sie kann nur jenen der ›Empfindung‹ unmittelbar zugänglichen Teilaspekt der ›Wahrheit‹ erkennen. Sie ist im wesentlichen nur Medium der Repräsentation eines bestimmten Prinzips.

MARCUSE Wenn man das historisch versteht, als einen Ausdruck, eine Beschreibung der Entwicklung, wie sie in der Tat stattgefunden hat, scheint mir das einigermaßen stichhaltig zu sein. Der Fehler ist, daß das substantiiert wird als *die* Natur des Weibes. Wenn Sie es als historische Stufe nehmen, ist dann etwas dagegen einzuwenden?

BOVENSCHEN/SCHULLER Es kommt in der Tat nicht darauf an, post festum eine Klageschrift zu verfassen, in der frauenfeindliche Äußerungen ›großer Geister‹ aufgelistet würden, sondern es geht um die Spurensicherung dessen, was im Laufe der Geschichte in bezug auf das Weibliche formuliert wurde, und um die Untersuchung des Stellenwerts, den das Weibliche – der Begriff, die Vorstellungen davon – in den jeweiligen theoretischen Kontexten einnimmt. Was Schiller betrifft, so könnte man die geschlechtsspezifischen Differenzierungen geradezu auf sein geschichtsphilosophisches Modell applizieren – die Frau repräsentierte dann das ›Naive‹, das über seine durch die Natur bedingte Grenze nicht hinauszugelangen vermag, während der Mann diese Grenze kraft seiner Vernunft überschreiten und, auf einer höheren Stufe, Vernunft und Natur versöhnen kann. Es kommt uns also in diesem Zusammenhang darauf an, daß das Weibliche – auch wenn es umgewertet wird – immer im Status des Medialen verbleibt. Könnte sich dieses Moment nicht auch in Ihren Äußerungen, in denen das Weibliche erneut zum Hoffnungsträger wird, verstecken?

MARCUSE Wenn das Medium darin besteht, Medium für etwas Besseres, für etwas Befreiendes, für etwas Befriedigendes zu sein, dann ist an dem Medium-Status wohl nichts Schlechtes. Es ist immer wieder dieselbe Geschichte, daß Einwände erhoben werden gegen die wenigen Versuche, die relativ wenigen Versuche, noch dazu meist auf kulturellem Gebiet, der Frau nicht mehr eine nur nachgeordnete, dienende Rolle zuzuschreiben, sondern etwas Positives und Befreiendes. Ich habe nie verstanden, wieso die Frauenbewegung gerade dagegen Front macht, anstatt zu argumentieren: Ja, das ist sinnvoll, aber es muß schließlich und endlich auch *verwirklicht* werden; mit der Idee allein kann und darf es nicht sein Bewenden haben.

BOVENSCHEN/SCHULLER Aber an diesen Konzeptionen hat die Frau doch überhaupt keinen Anteil; im Gegenteil, sie wird in ihnen in bestimmter Weise funktionalisiert.

MARCUSE Daß sie keinen Anteil hat, kann erstens heißen, daß sie nicht gefragt wird – das haben wir bereits festgestellt und wollen es festhalten –, und zweitens, daß sie noch nicht als autonomes Subjekt der Verwirklichung dieser Hoffnung aufgetreten ist. Dann allerdings weist die Frage direkt auf die Gründe der Unterdrückung der Frau überhaupt, auf das Problem, warum keine Frau dieses Hoffnungsversprechen z. B. in der Literatur eingelöst, das heißt: selbst geschrieben hat. Die Antwort darauf ist identisch mit der Frage nach den Gründen der allgemeinen Unterdrückung der Frau.

BOVENSCHEN/SCHULLER Aber es läßt sich doch nicht leugnen, daß selbst die positiven Bestimmungen des Weiblichen, wie sie in der Kulturgeschichte vorgenommen worden sind, immer noch die Trennung von Vernunft und Sinnlichkeit aufrechterhalten. Wenn nun – wie es der Fall ist –, dieses Begriffspaar polar auf den Geschlechtergegensatz projiziert wird, dann ist von der kulturhistorisch schwankenden Konjunktur der Sinnlichkeit auch die Bewertung des Weiblichen abhängig. Ist es nicht denkbar, daß sich die Frauen gerade gegen die geschlechtsspezifischen Varianten solch alternativer

Denkformen aus der männlichen Perspektive wehren müssen?

MARCUSE Diese Gegenüberstellung von Vernunft und Sinnlichkeit ist eine geschichtlich-gesellschaftliche Idee, und hinter ihr steckt die Forderung nach einer tieferen Manifestation der Sinnlichkeit gegenüber der Herrschaft der bürgerlichen Vernunft. Es steht ja schon in dem Schillerschen Aufsatz, daß die Scheidung von Vernunft und Sinnlichkeit historisch bedingt ist und daß die Lösung nicht lautet: Sinnlichkeit anstelle von Vernunft, sondern: Versöhnung von Vernunft und Sinnlichkeit. Das heißt nun keineswegs, daß die Männer alle unvernünftig werden und die Frauen vernünftiger.

BOVENSCHEN/SCHULLER Ja, aber gerade dann, wenn man es unter dem historischen Aspekt sieht, weist auch Schiller den Frauen einen inferioren Status zu.

MARCUSE Nur dann, wenn man unterstellt, daß Sinnlichkeit die Kennmarke eines inferioren Status ist.

BOVENSCHEN/SCHULLER Aber so, wie das Weibliche dort definiert und im Argumentationsgang plaziert ist, wird es auf passive Empfindung, die über sich selbst nie hinauskommen kann, festgeschrieben; und schon deswegen muß es außerhalb jener glücklichen Verbindung von Sinnlichkeit und intelligibler Menschennatur, die der männliche Geist mit sich selbst betreibt, verbleiben. Damit aber ist ein allgemeineres, über den Schillerschen Text hinausweisendes Problem markiert. Die Frauen haben, so läßt sich verallgemeinernd sagen, an der Ausarbeitung problemgeschichtlich bedeutsamer Diskurse – etwa im Bereich der Wissenschaft oder der Literatur – nicht teilgenommen, d. h. ihre Artikulation ist ausgeblieben. Und deshalb ist auch die Frage: Was ist denn nun das Weibliche? im Sinne einer Definition oder einer positiven Bestimmung wohl sehr schwer zu beantworten.

MARCUSE Ich will mal den Advocatus diaboli spielen. Stimmt es denn tatsächlich, daß die Frau an den kreativen Leistungen des Mannes sozusagen überhaupt nicht teilgenommen hat, an ihnen gar nicht beteiligt war? Nehmen wir ein Beispiel, das mir gerade einfällt: das Verhältnis zwischen Flaubert und Louise Colet. Flaubert hat ihr sozusagen jeden geschriebenen Satz vorgelegt. Sie hat kommentiert. Im Austausch hat er ihre – schlechten – Gedichte kommentiert. Spielt sich die literarische Zusammenarbeit von Männern nicht ebenfalls so ab?

BOVENSCHEN/SCHULLER Das ist doch offenkundig eine höchst mittelbare Teilnahme am kulturellen Prozeß. Ist Ihr Beispiel nicht selbst wiederum ein Beleg dafür, daß die Maschen der Interpretationen, in denen Weiblichkeit in der kulturellen Überlieferung präsentiert wird, so eng sind, daß es sich bei der Bestimmung dessen, was jeweils als ›weibliche Qualität‹ benannt wird, nur um modifizierte Zuschreibungen auf der Basis alter Muster handelt?

MARCUSE Wollen Sie damit sagen, daß das Bild der Frau bis heute bestimmt ist durch männliche Projektion? Wenn das zutrifft (und ich gebe zu, daß es stimmt), dann müßte gezeigt, an konkreten Zusammenhängen nachgewiesen und untersucht werden, inwiefern dieses Bild repressiv, entwürdigend, antifeminin war. Diesen Nachweis müßten Sie führen, sonst bleibt Ihre Bemerkung eine abstrakte Negation. Es genügt nicht zu sagen, alles, was bisher über die Frauen gesagt worden ist, ist von Männern gesagt worden, deshalb falsch. Das ist mir zu allgemein.

BOVENSCHEN/SCHULLER Das Bild der Frau, daran gibt es nichts zu deuteln, ist von Männern definiert, projiziert und etabliert. Dieser Sachverhalt ist so alt wie die Geschichte. Aus ihm ergibt sich ein spezifischer Präsenzmodus des Weiblichen in der Geschichte. Das Weibliche nämlich existiert nur als projektiver Entwurf – sei es in der Formulierung von Hoffnung, sei es in der Formulierung von Bedrohung. Stets ist es Bestandteil des Bilderrepertoires und der diskursiven Zuschreibungen in einer von Männern geprägten und eingehegten Kulturlandschaft. Daraus aber folgt eben nicht, daß die Geschichte des Weiblichen, die eine der *Geschichtslosigkeit* ist, also eine Art Negativ-Geschichte, einfach negiert werden kann. Sie muß vielmehr in diesem ihrem Negativ-Charakter studiert werden.

MARCUSE Ich will das einmal ganz klar sagen: So negativ war sie nun auch wieder nicht.

BOVENSCHEN/SCHULLER Wer?

MARCUSE Die männliche Projektion der Frau. Ein Blick auf die große Literatur und die Kunst belehrt darüber, daß das Bild der Frau, das da erscheint, nicht generell und bis in seine Grundzüge hinein einer Ausschließungs- und Entwürdigungsstrategie zum Zuge verhilft, daß es keineswegs bloß eine unterdrückerisch männliche Projektion und deshalb auch unwahr ist.

BOVENSCHEN/SCHULLER Die Frage ist doch nicht, ob die Bilder ›wahr‹ oder ›unwahr‹ sind. Diese Frage, so gestellt, wäre der schiere Moralismus. Nein, diese Bilder sind von ihren ästhetischen und ideologischen Voraussetzungen her sehr wohl qualitativ analysierbar. Die Darstellung einer kämpfenden Frau bei Delacroix etwa unterscheidet sich gravierend von den Frauendarstellungen Monets. Es gibt da eine enorme Vielfalt, eine Vielfalt allerdings, die sich disproportional verhält zu dem, was die realen Frauen in dieser Sphäre gemacht haben – nämlich fast gar nichts. Und wenn tatsächlich einmal eine Frau hier produktiv geworden ist, dann nur aufgrund beträchtlicher Anpassungsleistungen an die vorgegebenen Standards. Das heißt, es gibt einen Gegensatz zwischen dem Reichtum symbolischer Weiblichkeitsrepräsentationen und der Armut an eigener Geschichte der Frauen.

MARCUSE Sie markieren hier einen krassen Kontrast zwischen dem Bild der Frau und der Realität. Aber haben diese Frauenbilder denn nichts mit der Realität zu tun? Die meisten der Bildelemente stammen doch wohl aus der Wirklichkeit, sind von ihr geprägt?

BOVENSCHEN/SCHULLER Aber geschlechtsspezifisch gefiltert und ästhetisch transformiert. Die Realität ist nicht durch die Frauen überliefert worden. Vermutlich haben die Frauen zu allen Zeiten ›gepflegt‹, inspiriert, sich – bestenfalls – dem ›Genie‹ emotional zugewendet; das allerdings tritt nicht ins historische Bewußtsein. Selbst diese depravierten Alltagsformen – Folgen der realen Zurichtungen der Frauen – wurden, wenn überhaupt, durch Männer zur Sprache gebracht, und zwar in kulturellen Zusammenhängen, die nicht von den Frauen geschaffen wurden.

MARCUSE Sind sie nicht *auch* von Frauen geschaffen worden?

BOVENSCHEN/SCHULLER Es wimmelt nicht gerade von Philosophinnen und Literatinnen in der Kulturgeschichte.

MARCUSE Das habe ich nicht behauptet. Diese Kultur ist nicht von Frauen geschaffen worden, weil den Frauen der Zugang zu dieser Sphäre versperrt war.

BOVENSCHEN/SCHULLER Das hat handfeste historische Gründe. Aber gerade wegen des faktischen Ausschlusses der Frauen ist das Räsonieren über das, was sie getan hätten, wenn sie zugelassen gewesen wären, reine Spekulation. Anstatt dem nachzugehen und ein abstraktes Postulat weiblicher Qualität zu beschwören, gilt es vielmehr, aus den Konturen, Ausprägungen und Modulationen der gefilterten Bilder deren unausgesprochenen Grund, die Folie, von der sich diese Bilder und Entwürfe abheben, erkennbar zu machen.

MARCUSE Ich bin immer noch auf der Suche nach den Gründen, warum Sie so heftig gegen die Annahme spezifisch weiblicher Qualitäten zu Felde ziehen. Entscheidend ist nicht, *wer* diese Qualitäten projiziert und definiert hat, entscheidend ist vielmehr ihre geschichtlich-gesellschaftliche Funktion. Und da meine ich allerdings, daß diese Bilder genügend mit Realität gesättigt waren, um in der patriarchalischen Gesellschaft zum Kristallisationspunkt eines befreienden Gegenpotentials, eines Freiheitsentwurfs zu werden. Das von den Männern projizierte Bild kehrt sich gegen die Bildner. Um einmal eine ziemlich strapazierte Kategorie als Illustration zu gebrauchen: In der großen Literatur ist die Frau im wesentlichen Trägerin des Glücksversprechens, auch in dieser Gesellschaft der Verweigerung – dagegen wehren Sie sich, aus irgendeinem mir noch undurchschaubaren Grunde. Aber genau das ist doch die einzige wirklich qualitative Differenz zum Mann. Zu sagen, daß ein Mann in der bürgerlichen Gesellschaft Träger des Glücksversprechens ist, ist inkongruent, das geht nicht, und in dieser Inkongruenz drückt sich zweifellos Geschichte, Realität aus.

BOVENSCHEN/SCHULLER Für wen war das ein Glücksversprechen? Doch wohl für die Männer?

MARCUSE Für die Frauen auch, selbstverständlich. Ich spreche von der Literatur, nicht von der Wirklichkeit. Es handelt sich hier ja um Bilder dieser Qualität zunächst. Nun wollen Sie auch noch diese Glücksversprechen abschaffen.

BOVENSCHEN/SCHULLER Es geht uns weder um Schmähungen noch um Abschaffung oder etwas dergleichen. Aber wenn man sich das ganze Panoptikum männlich imaginierter Weiblichkeit ansieht, fragt man sich doch, für wen ist beispielsweise die Judith Bedrohung und für wen die Lulu ein Glücksversprechen bzw. beides. Diese Kunstfiguren . . .

MARCUSE Das ist doch leicht zu beantworten. Judith war eine Bedrohung für den Mann Holofernes und ein Glücksversprechen für die belagerte Stadt: Männer, Frauen und Kinder. Lulu war Bedrohung und Glücksversprechen für ihre Männer und das vielleicht tiefste Glücksversprechen für eine Frau: die Gräfin Geschwitz. Die ästhetische Form zerstört nicht die reale Substanz, im Gegenteil, sie verschärft sie.

BOVENSCHEN/SCHULLER Aber das war doch nicht das authentische Erlebnis einer Frau – setzen wir einmal voraus, daß es für diese Namenlose überhaupt ein Erlebnis gab –, sondern ein Erlebnis, das der jeweilige Mann mit einer Frau hatte und das er aus seiner Perspektive, mit seinen Maßstäben ästhetisch umsetzte.

MARCUSE Ja, wollen Sie daraus ein allgemeines Erlebnis machen? So etwas ist doch immer ein individuelles Erlebnis, eine im strengen Sinne subjektive Erfahrung. Sie müßten also zeigen, daß das, was der Künstler erzählt, eine Erniedrigung oder Verfälschung der Frau ist, zeigen, wie Flaubert die Madame Bovary literarisch vergewaltigt hat. Das scheint mir ausgeschlossen. Daß diese ganze ›männliche‹ Kunst und Literatur generell und immer ein verfälschtes und fälschendes Bild der Frau zeichnet, kann ich nicht erkennen. Zugleich gilt, daß das Bild der Frau in der Literatur von Männern geschaffen worden ist; daran ist nicht zu zweifeln. Es widerspricht der Wirklichkeit, indem es sie anklagt und in der Anklage die Notwendigkeit der Befreiung erscheinen läßt. *Beides* ist der Fall, *beides*.

BOVENSCHEN/SCHULLER Demnach können die Dinge bleiben, wie sie sind. Wenn nämlich der Mann in seiner Imagination selber die ›positiven Qualitäten‹ und die Bilder einer besseren Zukunft – die überdies, wie wir sahen, häufig miteinander verwoben sind –, entfalten kann, dann müßte es ja, dieser Behauptung zufolge, möglich sein, daß auch ohne Eingriffe von Frauen Lebensverhältnisse durchgesetzt werden können, die diesen Vorstellungsgehalten entsprechen. Doch die Entwürfe männlicher wie weiblicher Zukunft entstehen nach wie vor auf dem männlichen Imaginationsfeld. Dabei und damit haben die Frauen nichts zu tun.

MARCUSE Ganz im Gegenteil! Ohne die Politisierung der

Frau ist eine qualitative Veränderung undenkbar. Das folgt direkt aus meiner Interpretation des Begriffs »weibliche Qualitäten«.

BOVENSCHEN/SCHULLER Gegenüber solchen Überlegungen erscheint es uns geboten, an der Differenz dort, wo wir ihrer habhaft werden können, festzuhalten und nicht auf eine imaginierte Versöhnung realer Gegensätze zu vertrauen.

MARCUSE Jetzt behaupten Sie, es gebe wirklich eine unüberwindliche Differenz zwischen dem Weiblichen und dem Männlichen.

BOVENSCHEN/SCHULLER Nein, keine unüberwindliche, aber eine historisch so tiefgreifende, daß der eine Pol, nämlich das Weibliche, überhaupt noch nicht wirklich besteht, überhaupt keine Sprache hat, keine historische Artikulation, d. h. – und das ist jetzt überspitzt gesagt – die männliche Projektion versöhnt ihre Utopie des Weiblichen mit dem Status, den das Männliche gesellschaftlich hat. Diese durch den Androgynenmythos inspirierten Versöhnungen sind asymmetrisch, und die Frauen sind wieder einmal draußen.

MARCUSE Wieso sind die Frauen wieder einmal draußen? Androgyn heißt doch nicht, daß ein Mann eine Frau wird und die Frau gar nichts oder ein Mann. So ist das doch nicht gemeint. Gemeint ist, daß beide diejenigen Qualitäten, die in der Geschichte verdrängt, stummgehalten und auf die private Sphäre beschränkt worden sind, jetzt in allen Sphären der Gesellschaft realisieren. Das bedeutet doch nur, daß wir diese Begriffe und Ideen überhaupt nicht sinnvoll verfolgen können, wenn wir den Mann nehmen, wie er heute ist, und die Frau, wie sie heute ist, und beide sozusagen kombinieren. Die Idee einer androgynen Gesellschaft setzt ja voraus, daß es sich um ganz *andere Männer* handelt und um ganz *andere Frauen*, nicht um die, die heute da sind. Dann ändert sich das Ganze.

BOVENSCHEN/SCHULLER Es geht allerdings um den historischen Zeitpunkt, in dem eine solche Argumentation einsetzt bzw. wiederbelebt wird. Jetzt, wo die Frauen sich wehren, aufbegehren, sich separieren, wird allenthalben die Überwindung der Geschlechterschranken gepriesen. Das ist verdächtig. Die Frage ist aber, ob der argumentative Gebrauch solch utopischer Wunschträume heute nicht Bestandteil einer Befriedungsstrategie ist. Mit diesem unserem Einwand ist dem alten Menschheitstraum vom Androgynen, wenn er jenseits solcher Funktionalisierung besteht, nichts an Schönheit genommen.

MARCUSE Ich würde es vorziehen, statt Utopie regulative Idee zu sagen: Utopie unterstellt einen Abgrund zwischen Theorie und Praxis, der nicht ausfüllbar ist. Also, diese Entwicklung ist nur eine regulative Idee. Und was sie voraussetzt, ist eben eine nicht nur quantitativ, sondern auch qualitativ von der gegenwärtigen verschiedene Gesellschaft. Das ist wohl das politische Problem.

BOVENSCHEN/SCHULLER Dazu haben Sie einmal in Ihren Schriften gesagt, daß die patriarchalische Kultur ihren eigenen Sprengstoff produziere, und haben dabei an die widerständigen Bilder des Weiblichen in der Kunst erinnert, z. B. an das Gemälde von Delacroix, auf dem eine Frau die Fahne der Revolution schwenkt. Könnten Sie diesen Zusammenhang noch einmal entfalten, speziell unter dem Gesichtspunkt der Repräsentation regulativer Ideen durch das Bild des Weiblichen? Warum knüpfen Sie – und andere – politische Hoffnungen an das Weibliche?

MARCUSE Weil ich in den sogenannten weiblichen Qualitäten die Spuren eines dem kapitalistischen entgegenstehenden Realitätsprinzips entdecke. Was erläutert werden müßte, ich weiß nicht, ob wir das jetzt können, ist, in welchem Sinne man davon sprechen kann, daß Sensibilität, Rezeptivität, Sinnlichkeit kreativ befreiende Qualitäten werden können. Das ist ja auf den ersten Blick gar nicht ausgemacht. Wie kann aus Rezeptivität oder Sensibilität etwas hervorgehen, das radikal mit der bestehenden Gesellschaftsstruktur bricht, sie untergräbt? Ich antworte zum wiederholten Male: Das entscheidende, treibende Moment hierbei ist der Eros in den alltäglichen Beziehungen der Menschen, der, insofern er der totalen Herrschaft des Leistungsprinzips widerspricht, eine revolutionäre, subversive Kraft bildet – natürlich abgeschwächt in dem Maße, in dem diese Qualitäten nur außerhalb der Produktionsverhältnisse und in der Privatsphäre oder angeblichen Privatsphäre des Haushalts praktiziert werden.

BOVENSCHEN/SCHULLER Diese Denkfigur erinnert an eine philosophische Konstruktion, wie Hegel sie in der *Phänomenologie des Geistes* vornimmt. Es heißt dort, »daß das Gemeinwesen sich an dem, was es unterdrückt und was ihm zugleich wesentlich ist«, nämlich »an der Weiblichkeit«, seinen »inneren Feind« erzeuge.

MARCUSE Ich kann mich an diese Stelle im Augenblick nicht erinnern. Das ist ohne Zweifel außerordentlich fortschrittlich gedacht. Es ist, in aller Bescheidenheit, genau das, was ich meine.

BOVENSCHEN/SCHULLER Das Motiv taucht im *Sittlichkeits*-Kapitel auf, und zwar dort, wo Hegel von der Spaltung des sittlichen Wesens in zwei Gesetze spricht, in ein menschliches und in ein göttliches Gesetz . . .

MARCUSE Das ist im Zusammenhang mit der *Antigone*.

BOVENSCHEN/SCHULLER Ja, es ist appliziert auf das Schicksal der Antigone, die sich dem göttlichen Gesetz verpflichtet fühlt, und es ist Kreon, der nach dem menschlichen Gesetz handelt. Ich zitiere weiter:

»Der Mann wird vom Familiengeist in das Gemeinwesen hinausgeschickt und findet in diesem sein selbstbewußtes Wesen.«

In bezug auf das göttliche Gesetz heißt es nun:

»Weil er nur als Bürger *wirklich* und *substantiell* ist, so ist der Einzelne, wie er nicht Bürger ist und der Familie angehört, nur der *unwirkliche* machtlose Schatten.«

Das göttliche Gesetz, in dessen Rahmen die Frau als immer in der Familie Verbleibende angesiedelt ist, wird dann noch am Verhältnis von Bruder und Schwester dargestellt. Der Bruder erlangt seine sittliche Bedeutung dadurch, daß er von dem göttlichen Gesetz, dem er zunächst, nämlich innerhalb der Familie, untersteht, in das menschliche übergeht. Die Schwester aber »wird oder bleibt der Vorstand des Hauses und die Bewahrerin des göttlichen Gesetzes«. Sie also bleibt in der Sphäre »des machtlosen Schattens«. Und es heißt weiter:

»Indem das Gemeinwesen sich nur durch die Störung der Familienglückseligkeit und die Auflösung des Selbstbewußtseins in das allgemeine sein Bestehen gibt, erzeugt es sich an dem, was es unterdrückt und was ihm zugleich wesentlich ist, an der Weiblichkeit überhaupt, seinen inneren Feind. Diese – die ewige Ironie des Gemeinwesens – verändert durch die Intrige den allgemeinen Zweck der Regierung in einen Privatzweck, verwandelt ihre allgemeine Tätigkeit in ein Werk dieses bestimmten Individuums und verkehrt das allgemeine Eigentum des Staates zu einem

Besitz und Putz der Familie. Sie macht hierdurch die ernsthafte Weisheit des reifen Alters, das, der Einzelheit – der Lust und dem Genusse sowie der wirklichen Tätigkeit – abgestorben, nur das Allgemeine denkt und besorgt zum Spotte für den Mutwillen der unreifen Jugend und zur Verachtung für ihren Enthusiasmus, erhebt überhaupt die Kraft der Jugend zum Geltenden, – des Sohnes, an dem die Mutter ihren Herrn geboren, des Bruders, an dem die Schwester den Mann als ihresgleichen hat, des Jünglings, durch den die Tochter, ihrer Selbständigkeit entnommen, den Genuß und die Würde der Frauenschaft erlangt.«

MARCUSE Naja, das ist hier die dialektische Entwicklung des Begriffs der Familie als der Grundzelle der Gesellschaft; sie ist aber gleichzeitig der Beginn der Auflösung – hier des Gemeinwesens, weil sie eben auf dem Recht dessen besteht, was im Gemeinwesen nicht aufgehoben ist. Wie in der *Antigone*: die alten Götter und das göttliche Recht gehen in das Staatsrecht, die *raison d' étât*, über.

BOVENSCHEN/SCHULLER Das hat Ernst Bloch vermutlich veranlaßt, hierin einen Vorgriff auf die Bachofensche Konstruktion zu sehen, wenn er beispielsweise davon spricht, daß der offenbare Geist die Wurzeln seiner Kraft in der Unterwelt, »in den Wässern der Vergessenheit«, habe. Auch dieser andere Bereich, den man, vielleicht ein wenig voreilig, als den männlichen bezeichnen kann, hat offenbar sein Kraftreservoir in der der Frau zugeordneten Sphäre. Wir glaubten, hierin eine Analogie zu Ihren Gedanken entdecken zu können.

MARCUSE Das ist richtig. Bei Hegel erscheint ja die Antigone in diesem Zusammenhang als noch verbunden mit den alten weiblichen Göttern. Nicht so stark wie bei Aischylos, aber der Konnex ist immerhin noch da.

II.

BOVENSCHEN/SCHULLER Sie haben in unserem Vorgespräch eine Art Drei-Stufen-Theorie skizziert . . .

MARCUSE Ich habe gestern gesagt (und ich bin stolz auf diese Formulierung): Von der Emanzipation der Frau zur Emanzipation des Mannes zur Emanzipation der Gesamtgesellschaft. Das ist in einem Satz, wie ich idealiter die Situation oder, ein wenig genauer, die geschichtliche Möglichkeit sehe.

Die patriarchalische Gesellschaft hat eine Stufe in ihrer Entwicklung erreicht, die wiederholte, immer wieder erneute Zerstörung, Deformierung, Ausbeutung verlangt. Es geht also nicht mehr nur darum, die Zustände innerhalb der bestehenden Produktionsweise zu verbessern oder die bestehende Produktionsweise durch eine neue, sozialistische zu ersetzen (obwohl dies eine Vorbedingung der Befreiung bleibt), sondern auch darum, die Subjektivität in den menschlichen Beziehungen radikal zu verändern – für die Männer sowohl wie die Frauen.

BOVENSCHEN/SCHULLER Wie sähe das konkret aus?

MARCUSE Ich weiß nicht, ob ich das wirklich konkretisieren kann. Das war mehr ein Aperçu. In diesem Aperçu erscheint die Emanzipation des Mannes als Konsequenz oder als Beiprodukt der Emanzipation der Frau, vielleicht auch als ihre Vorbedingung. Emanzipation der Frau ist hier nicht bloß im Sinne von Gleichberechtigung zu verstehen, sondern vorab als Durchsetzung von neuen Werten, von anderen Bedürfnissen, die der Mann in den gegebenen Produktionsverhältnissen als Mann nicht befriedigen konnte, nicht befriedigen durfte. Und diese Bedürfnisse, diese femininen Bedürfnisse oder Qualitäten, wie immer man das umschreiben mag, sind diejenigen, die immer stärker den bestehenden Produktionsverhältnissen widerstreiten. In unserer Gesellschaft ist die Erotisierung der Arbeitsbeziehungen, der gesellschaftlichen Beziehungen überhaupt, unvorstellbar. Die Emanzipation der Frau, die Frauenbewegung, wenn sie sich dieses hohe Ziel steckte, würde diesen Konflikt aktivieren. Rettung der Umwelt, Freiheit in den Lebenszusammenhängen, in den Lebensweisen, vor allem aber Stillegung destruktiver Produktivität, sind emanzipierende und emanzipatorische Projekte. Und sie sind verknüpft mit den femininen Qualitäten, wie sie sich in der Geschichte der Zivilisation herausgebildet haben und zur zweiten Natur geworden sind. Daß diese Qualitäten in den gegenwärtigen gesellschaftlichen Verhältnissen unterbunden und verzerrt sind, daß sie, wo sie sich zeigen, leicht mißbraucht werden, ist klar und braucht nicht ständig betont zu werden.

BOVENSCHEN/SCHULLER Ist das so zu verstehen, daß die traditionellen Verheißungen, die den Frauen sozusagen auf den Leib geschrieben wurden, wie Befreiung von Leistungs- und Erfolgszwängen, Verschönerung des Lebens usw., jetzt eine Renaissance erfahren, nur daß sie nun nicht mehr im verborgenen der häuslichen Idylle blühen, sondern zu öffentlichen Qualitäten werden sollen? Soll der Rückgriff auf die Tradition eines solchen Vorstellungsreservoirs das Mißverständnis bekämpfen, das die Gleichstellung – das wäre, so gesehen, die Angleichung ans Schlechte – immer mit Emanzipation verwechselt?

MARCUSE In dieser Argumentation steckt etwas, das äußerst gefährlich ist. Die Konsequenz daraus würde sein, daß Gleichberechtigung, Gleichstellung der Frau nicht das Ideal sei. Ich habe darauf hingewiesen, daß die Frau, wenn sie wirklich als gleiche in allen Berufen mit den Männern konkurrieren will, solange wir keine anderen Lebensverhältnisse haben, all die Aggressivität und das Konkurrenzverhalten reproduziert oder ausbildet, die unsere Gesellschaft vorschreibt, abfordert, erzeugt. Dadurch, daß die Frau weitgehend von der Welt der Produktion, der unmittelbaren Produktion, aber zum erheblichen Teil auch von der kulturellen Produktion ausgeschlossen war, ist sie – zugegeben: gegen ihren Willen und durch gesellschaftlichen Zwang der Männer – zum Träger von Widerstandsqualitäten geworden. Diese Widerstandsqualitäten lassen sich, ein wenig summarisch, zusammenfassen unter dem Titel des spontanen Protests gegen Aggression, gegen Grausamkeit, gegen das destruktive Leistungsprinzip. ›Spontan‹ bedeutet hier, daß die Frau anders lebt, anders mit Gegenständen und Empfindungen umgeht, anders reagiert als der Mann. Ihr Widerstand ist also sozusagen ein natürlicher Widerstand, einer, der zur zweiten Natur geworden ist. So ungefähr könnte man es umschreiben. Die Frage ist nun – und sie interessiert mich ganz besonders –: Hat sich das geändert? Die Frau ist mehr und mehr in die Produktionswelt einbezogen worden. Kann man angesichts solcher (und anderer) Entwicklungen diesen Begriff des Widerstands, der widerständigen Existenzweise noch aufrechterhalten? Ich meine: ja, ohne daß ich das jetzt zulänglich begründen könnte. Doch stimmt meine Vermutung? Oder gilt nicht vielmehr, daß in dem Maße, in dem die Frau in den Produktionsprozeß einbezogen und eingespannt wird, ihre femininen Qualitäten zerfallen, verkümmern, außer Kurs gesetzt werden?

BOVENSCHEN/SCHULLER Daß das Postulat der formalen Gleichberechtigung äußerst fragwürdig ist, ist mehrfach gesagt worden. Aber auch Ihre Konstruktion, wie sie sich im ›Drei-Stufen-Modell‹ abzeichnet, enthält noch ein entscheidendes Dilemma, löst es also nicht auf. Überspitzt gezeichnet, sähe das nämlich so aus: Die femininen Qualitäten entwickeln sich in der ›machtgeschützten Innerlichkeit‹ der Familie, dann treten sie, als gesellschaftliche, in die Sphäre der Öffentlichkeit und der Produktion. Dort angelangt, müssen sie, unter dem Druck der dort herrschenden Gesetze, zurückgenommen, ausgelöscht werden, d. h. sie sind weg. Aus dem Schaf ist ein Wolf geworden. Die Frage ist also, ob das Problem als chronologische Abfolge, die sich als qualitativer Fortschritt darstellt, überhaupt beschrieben oder erfaßt werden kann. Ist es nicht vielmehr durch Momente von Disparität gekennzeichnet? Ist es nicht die Gleichzeitigkeit qualitativ ungleicher Ansprüche, die die Situation der Frau bestimmt? Sie ist konditioniert auf die wie auch immer depravierte Teilnahme an zwei Sphären: der Reproduktion und der Produktion. Wollte man das in anderen Begriffen sagen, so hieße das, sie steht im Schnittpunkt zweier qualitativ differenter Koordinatensysteme, des patriarchalischen und des sozial-ökonomischen. Die Frauen sind in großer Zahl in die Berufssphäre integriert, sie dienen dort u. a. als industrielle Reservearmee; sie sind aber gleichzeitig weiterhin Trägerinnen der Reproduktion, und zwar nicht nur der biologischen, sondern auch der sozialen . . .

MARCUSE Was heißt in diesem Zusammenhang »Reproduktion«?

BOVENSCHEN/SCHULLER Die Organisation der Familie, des ganzen Bereichs des privaten Lebens – die Frauen sorgen für die Familie, die Erziehung der Kinder –, aber auch die sozialen Formen der Zuwendung, z. B. die Regenerierung der Arbeitskraft, also die emotionale ›Batteriefunktion‹, die die Frauen übernehmen, die Fürsorgefunktionen bis hin zu Ernährung und Kleidung.

MARCUSE Ist das identisch mit der Rolle der Frau? Oder ist es nicht vielmehr eine der Klassengesellschaft eingeschriebene natürliche Struktur?

BOVENSCHEN/SCHULLER Was meinen Sie mit »natürlich«?

MARCUSE Die gesellschaftliche Reproduktion kann z. B. nicht stattfinden, ohne daß genügend Nahrungsmittel vorhanden sind, und für die Nahrungsmittelbeschaffung, für die Nahrungsmittel der Familie pflegt der Mann zu sorgen.

BOVENSCHEN/SCHULLER Für die Bereitung?

MARCUSE Diese Aufsplitterungen von Zusammenhängen sind gefährlich, da kommt man auf Zweideutigkeiten, die nicht zu überwinden sind. Was Sie sagen, läuft doch wieder darauf hinaus: Die Familie ist die Kernzelle der Gesellschaft. Das ist ein bürgerlicher Begriff, der äußerst problematisch ist.

BOVENSCHEN/SCHULLER Nein, es handelt sich um die Beschreibung einer historischen Entwicklung in höchst verkürzter Form. Solange die Frau wesentlich der Familiensphäre angehörte und der Mann »hinaus ins feindliche Leben«, nämlich in die Berufssphäre trat, korrespondierte die geschlechtsspezifische Arbeitsteilung weitgehend mit den ideologischen Zuschreibungen und den ökonomischen Anforderungen an die Frau. Im Zuge der beruflichen Integration der Frauen jedoch entstehen Widersprüche, die ausschließlich auf ihre Kosten gelöst werden. Die Lösungsangebote, die heute für dieses Problem bereitstehen, kommen aus der Aporie, daß die weibliche Erwerbsarbeit Fortschritt und zusätzliche Unterdrückung zugleich ist, nicht heraus – sie wollen die Frauen entweder ökonomisch gleichstellen (wobei für den familialen Bereich einige technische Entlastungen – von der Waschmaschine bis zum Kinderladen – eingeführt werden) oder sie wollen die Frauen wieder vollends zurückdrängen in die Familie. Die Grenzen des ersten Modells zeigen sich in den sozialistischen Ländern, das zweite ist ein Symptom der wirtschaftlichen Regression. Interessanterweise bleibt die Institution Familie für beide Strategien sakrosankt. Auch revolutionstheoretische Vorstellungen, die die Auflösung der Institution Familie betrafen (z. B. in der Oktoberrevolution), scheiterten sehr schnell an der Realität. Woher also bezieht die Organisationsform Familie ihre Resistenz, wenn nicht daher, daß sie im Verhältnis von Produktion und Reproduktion ein entscheidender Faktor ist?

MARCUSE Daher, daß sie, wenn auch prekär oder sogar schlecht, ein Schutz gegen die repressive Sozialisation war oder ist.

BOVENSCHEN/SCHULLER Aber das ist doch genau der springende Punkt. Infolge dieser repressiven Sozialisation wird die Familie stilisiert zu einem Hort für emotionale und auch kognitive Fähigkeiten, was sie de facto übrigens in keiner Weise sein kann.

MARCUSE Was ist an dieser »Stilisierung« so schrecklich? Ist es denn so schlimm, »Hort für emotionale und kognitive Fähigkeiten« zu sein? Und wie können Sie sagen, daß die Frau oder die Familie dies »in keiner Weise sein kann«?

BOVENSCHEN/SCHULLER Sicherlich hat sie diese Schutzfunktion, und es gibt auch innerhalb des Familienverbandes Verhaltens- und Zuwendungsformen, die außerhalb der Leistungsorientierung stehen – residual –; aber das ist ja gleichzeitig die Kette, an der die Frau hängt. Die Frau übernimmt diese Funktion, das mag etwas Positives sein; gleichzeitig jedoch macht sie ihre Unterdrückung aus. Das ist doch das Problem: die Ambivalenz dieser Organisationsform ...

MARCUSE Ihre Unterdrückung? Augenblick, das müssen Sie mir schon erläutern. Warum ihre Unterdrückung? Weil ihr die Arbeit in der Familie keine Zeit und keine Energie beläßt? Und: Zeit und Energie wozu?

BOVENSCHEN/SCHULLER Unterdrückung, weil die Frau heute, wo sie mehr oder weniger gezwungenermaßen auf den Markt tritt und ihre Arbeitskraft verkauft, gleichzeitig nicht entlastet ist von ihren familialen Aufgaben. Diese ihre Funktionen mögen zwar positive Momente enthalten – z. B. daß sie nicht mit Arbeitswert-Kriterien, wie sie die Ökonomie vorgibt, zu messen sind; aber faktisch gereicht das den Frauen keineswegs zum Vorteil, vielmehr werden dadurch die Voraussetzungen für die widersprüchlichen Erwartungen, die an sie gerichtet werden, und für die vielfachen Belastungen geschaffen, die sie auf sich nehmen müssen.

MARCUSE Und was ist daraus zu folgern?

BOVENSCHEN/SCHULLER Eine Konsequenz ist sicherlich, den Ewigkeitswert dieser Organisationsform in Zweifel zu ziehen, wobei allerdings gesehen werden muß, daß die vorhandenen gesellschaftlichen Alternativangebote, etwa im Hinblick auf die Kindererziehung, grauenhaft sind.

MARCUSE Das steht fest. Es scheint also, daß die Emanzipation der Frau nicht unbedingt meinen muß: Emanzipation auch von der Familie. Das wäre ja schlecht, wenn zutrifft, worauf wir uns geeinigt haben.

BOVENSCHEN/SCHULLER Die angedeuteten Disparitäten und Widersprüche, wie sie sozusagen exemplarisch an der Organisationsform Familie und dem Platz, den die Frau darin einnimmt, bzw. den Plätzen, die sie einzunehmen gezwungen ist, hervortreten, können vielleicht zur Erklärung dafür herangezogen werden, daß es gegenwärtig eine neue Frauenbewegung gibt.

MARCUSE Aber was ich wissen möchte, ist noch etwas ganz anderes, nämlich, ob dieses Protestpotential, das sich ergibt aus der Diskriminierung der Frau, qualitativ über das allgemeine Protestpotential hinausweist. Das hätte dann wohl auch unmittelbare Folgen für die Formulierung der Ziele. Wenn das Ziel der Frauenemanzipation vollständige Gleichstellung der Frau mit dem Mann ist, hat sich damit etwas *qualitativ* in der Gesamtgesellschaft geändert oder, formulieren wir es mal lässig, ist es schlimmer geworden? Die Frauen haben dann ja einen Teil ihrer angeblich femininen Qualitäten opfern müssen, um die Gleichberechtigung durchzusetzen, sie zu verwirklichen und um sie sicherstellen zu können.

BOVENSCHEN/SCHULLER Die bloße Gleichstellung – das hatten wir ja schon festgestellt – kann allenfalls ein Teilziel einer Frauenbewegung sein.

MARCUSE Aus der Problematik der Gleichberechtigung folgt selbstverständlich nicht, daß die Frauenbewegung den Kampf um Gleichberechtigung zurückstellen oder aufgeben sollte. Aber es gibt offenbar etwas jenseits der Gleichberechtigung. Und wenn dieses ›Jenseits‹ nicht von Anfang an im Kampf für die Gleichberechtigung steckt, in ihm virulent bleibt, dann ist wohl etwas nicht in Ordnung.

BOVENSCHEN/SCHULLER Es geht zweifellos nicht darum, daß die Frau zu dem wird, was der Mann schon ist – auch nicht zu dem, was der ›revolutionäre‹ Mann schon ist. Und es geht weiterhin nicht darum, bestehende Protestbewegungen zu beleben oder zu übertrumpfen. Ganz sicher nämlich steckt dieses ›Jenseits‹ nicht in den Grundannahmen und Zielvorstellungen derer, die diese Bewegungen dominieren. Die Erfahrungen der Frauen in der Studentenrevolte 1968 haben gezeigt, daß selbst in dieser Bewegung, die ja die Emanzipation auf ihr Panier geschrieben hatte, die Frauen abkommandiert wurden zum Bratkartoffel-Braten und Fahnen-Nähen.

MARCUSE Das ist doch wirklich nicht das ausschlaggebende Problem. Wenn es so ist, wie Sie es beschrieben haben, dann gilt es eben, Gleichberechtigung in diesen Verbänden und Bewegungen herzustellen. Und wenn man den Frauen dort weiterhin nur die Dreckarbeiten aufhalst, dann sollen sie den Dreck den Männern vor die Füße werfen.

BOVENSCHEN/SCHULLER Viele Frauen haben die Bewegung verlassen, und viele haben sich gesagt, daß, solange die Männer von ihrer Position her, von ihren Erfahrungen und Bedürfnissen ausgehend, die Emanzipationsansprüche formulieren, die Frauen in ihre alten Funktionen zurückgesetzt werden. Denn diese sind für die Männer, auch für linke, nur allzu angenehm. Gerade auch der Bereich des Sensitiven, des Emotionalen, der hier als »weibliche Qualität« firmiert, ist doch nur scheinbar so problemlos. Denn bislang war es die Frau, die für den Mann befriedigende emotionale Verhältnisse hergestellt hat – das war jedenfalls ihre definierte Aufgabe für den häuslichen Teilbereich. Es ist aber sehr wohl möglich, daß das alles ganz anders aussähe, wenn die Frauen anfingen, unabhängig von diesem Wunschspektrum befriedigende Verhältnisse für sich selbst herzustellen – und dies nicht nur im Bereich der Emotionen.

MARCUSE War es wirklich so einseitig? War die Frau immer so viel unglücklicher und erniedrigter als der Mann? Ich halte es für unzulässig, die Frau zum alleinigen und absoluten Opfer der Weltgeschichte zu erklären. Ich habe vor einiger Zeit einmal absichtlich provoziert, indem ich sagte, daß ich in den Bildbeilagen des *Playboy*-Magazins nicht etwas sehen könnte, das mit ausreichenden Gründen als Ausbeutung zu bezeichnen wäre. Dies Ausbeutung nennen heißt, die wirkliche Ausbeutung kaschieren, herunterspielen, verkleinern . . .

BOVENSCHEN/SCHULLER Diese Invektive mag als Bürger- oder Spießerprovokation durchgehen; ein Plädoyer für die Frau oder die Sinnlichkeit ist sie allerdings nicht. Denn in diesen Machwerken wird der Körper der Frau eindeutig der Bedürfnisbefriedigung des Mannes unterworfen und in dieser Zerstückelung seiner Möglichkeiten hemmungslos der Kommerzialisierung ausgesetzt. Kann man hier von einer Fetischisierung durch marktbezogene Depravierung sprechen, so ist die Frau immer und ohnehin schon in zwei Tauschvorgängen präsent: einerseits muß sie ihren Körper auf dem Heiratsmarkt anbieten, andererseits muß sie ihn als Arbeitskraft verkaufen.

Abgesehen davon ist ja immerhin aufschlußreich, daß Frauen keine vergleichbaren Stimuli, wie solche Hefte sie darstellen, brauchen. Daraus könnte man auf eine unterschiedliche Bedürfnisstruktur schließen, darauf, daß die Frauen vielleicht ein weniger verdinglichtes Verhältnis zur Sexualität haben als die Männer.

MARCUSE Historisch gesehen, liegt hier eine entscheidende Wandlung vor. Unter der Herrschaft des Puritanismus, des aufsteigenden Kapitalismus, war so etwas unmöglich. Was jetzt zu sehen und zu haben ist, zum Markt gehört, ist die Karikatur einer Sinnlichkeit, deren Anspruch für das Funktionieren des Kapitalismus einmal höchst bedrohlich werden könnte.

BOVENSCHEN/SCHULLER Aber man kann doch diese voyeuristischen Machwerke nicht in einen Zusammenhang mit der Frage nach den Möglichkeiten der Erotisierung der Arbeitssphäre bringen. Sie sind doch die Lüge vom Glücksversprechen als marktgelenkte Glücksverordnung, der sich die männliche Sexualität offenkundig allzu gern hingibt.

MARCUSE Dann möchte ich die Frage stellen (und ich habe keine Antwort parat): Wie kann man sich überhaupt die Ingression erotischer Energien in den Arbeitsprozeß, in den heutigen Arbeitsprozeß, vorstellen? Erotisierung des Produktionsprozesses setzt selbstverständlich eine freie Gesellschaft voraus. Alles, was wir heute dazu vortragen können, sind Anregungen – Versuche, reale Chancen bewußt zu machen. Es gibt ein Beispiel, wie man sich vielleicht die Erotisierung der Arbeit im bestehenden System vorstellen kann. Ich meine die berühmte Szene in Shakespeares *Sturm*, wo Fernando von Prospero die Aufgabe bekommt, ein Haus zu bauen. Das bedeutet harte Arbeit und Plackerei. Aber dann wird ihm von Miranda gesagt, daß das Haus bestimmt sei für ihn und sie – und das ändert die ganze Konstellation. Die Arbeitsenergie wird zur Lustenergie. Wenn wir das in den allgemeinen

Zusammenhang übersetzen, bedeutet es, daß die gesamtgesellschaftliche Produktion und Reproduktion auf das Ziel der physischen und psychischen Befriedung der Menschen und der Natur ausgerichtet wird, daß endlich gebrochen wird mit dem Begriff einer einlinigen Entwicklung der Produktivkräfte und an seine Stelle eine qualitative Orientierung der Produktion gesetzt wird.

BOVENSCHEN/SCHULLER Gehen wir noch einmal auf das Shakespeare-Beispiel zurück. Fungiert nicht auch hier die Frau wieder als Anreiz, Ansporn für die Tätigkeit des Mannes? Was aber ändert sich für sie selbst? Sind auch ihre Bedürfnisse im Hausbau des Mannes formuliert? Werden damit auch ihre Bedürfnisse befriedigt?

MARCUSE Davon gehe ich aus, daß in dieser Handlung und mit ihrem Ergebnis ein Bedürfnis sowohl des Mannes als auch der Frau befriedigt wird. Es ist Liebe im Spiel, bei beiden. Sie möchten zusammensein, zusammen wohnen.

BOVENSCHEN/SCHULLER Diese ganze Konstruktion beruht doch auf der Voraussetzung, daß in der Tat die Bedürfnisse des Mannes auch die der Frau sind. Das Haus legt die Frau fest auf das Hausfrauen-Dasein – und ob das mit ihren so oft beschworenen Bedürfnissen übereinstimmt, ist sehr zu bezweifeln.

MARCUSE Aber warum erscheint Ihnen das Bild des Hauses für die Liebenden schon wieder als ein Bild der Unterdrükkung der Frau? Und was ist denn grundsätzlich und allemal Entsetzliches am Werk, wenn die Frau »Anreiz, Ansporn für die Tätigkeit des Mannes« ist? Ist nicht auch das Umgekehrte der Fall?

BOVENSCHEN/SCHULLER Im Bild des Hauses ist die Konditionierung der Frau schon enthalten. Mag der Ursprung dafür auch in dem, was man Liebe nennt, gesehen werden, so legt deren Institutionalisierung das Leben der Frau doch viel entschiedener und einseitiger fest, als dies beim Mann der Fall ist. Sie bleibt nämlich ans Haus gebunden, während der Mann, in vielfältige andere Bezüge eingespannt, sich im Haus entlastet. Die Konsequenzen sind – wenn wir einmal das Haus als Metapher für den Lebensbereich und die Lebensweise der Frau aktualisieren – heute noch in erschreckender Klarheit sichtbar. In historischer und aktueller Sicht also muß das Bild des Hauses als Schutz für die Frau keineswegs so anheimelnd und sympathisch wirken, wie es möglicherweise gedacht war. Die weiblichen Bedürfnisse . . .

MARCUSE Meine These ist, daß die *wirklichen* Bedürfnisse *menschliche* Bedürfnisse sind und nicht männliche oder weibliche. Sie müssen in gemeinsamer Arbeit und in gemeinsamer Freude von Männern *und* von Frauen entdeckt *und* erfüllt werden.

Die Salecina-Gespräche

Gesprächsteilnehmer: Herbert Marcuse, Erica Sherover, Berthold Rothschild, Theo Pinkus

Der langjährige Dialog, den wir mit Herbert Marcuse führen, findet jeweils seinen Höhepunkt in Diskussionen im Ferien- und Bildungszentrum Salecina in Maloja anläßlich des Engadiner Ferienaufenthalts Marcuses. Bei den Spaziergängen oberhalb von Pontresina und im Roseggtal, in den Gesprächen mit Schülern, Lehrlingen, Arbeitern und Studenten im Ferienzentrum standen immer wieder bestimmte Probleme im Mittelpunkt – die gleichen, die in einer Fortsetzung dieser Gespräche unter Teilnahme von Berthold Rothschild, Erica Sherover und Theo Pinkus 1977 in Zürich stattfanden.

Die folgenden Texte sind weder »ein ausgeklügelt Buch« noch ein streng aufgebautes Interview, mit dem eiserne Grundsätze und öffentliche Erklärungen festgehalten werden sollen. Es handelt sich vielmehr um Bruchstücke von Gedanken, Bedenken und Zweifeln, Einwänden und Erfahrungen. Wir haben Fragen gestellt und erhielten neue Fragen zur Antwort. Wir haben Rat gesucht und wurden auf unsere eigenen Erkenntnisse verwiesen.

*Sechs Fragen zu Theorie und Praxis**

FRAGE Nach deinem Vortrag *Theorie und Praxis*, in *Zeit-Messungen* veröffentlicht, zu schließen, besteht heute in den entwickelten Industrieländern eine Situation, in der für eine revolutionäre oder radikale Praxis kein revolutionäres Subjekt erkennbar ist. Woran läßt sich bestimmen, ob eine Aktion wirklich revolutionär bzw. radikal ist?

MARCUSE Ob eine Aktion revolutionär oder reformistisch

* In dem Diskussionsblatt *Zeitdienst*, Zürich, wurden die Antworten Herbert Marcuses auf sechs Fragen, die ihm 1975 in Salecina gestellt worden waren, veröffentlicht. Die Fragen und Antworten sind hier den Aufzeichnungen der Züricher Gespräche vorangestellt.

oder keines von beiden ist, ist nur durch eine gründliche Analyse der gegebenen Situation zu bestimmen. Die Analyse muß zeigen, welche radikale Veränderung in dieser Situation des Kapitalismus überhaupt möglich ist. Gibt es eine solche Möglichkeit, so muß sie, und nur sie, genutzt werden.

FRAGE Da die entscheidenden Schichten der Arbeiterklasse, die der Schlüsselindustrien, heute keine revolutionäre gesellschaftliche Veränderung unterstützen: Wie läßt sich eine völlige Resignation *der* Schichten, die eine solche Veränderung wünschen oder sie aus Erkenntnisgründen herbeiführen wollen, verhindern?

MARCUSE Ein Revolutionär resigniert nicht, wenn die Revolution nicht gleich an der nächsten Straßenecke auftaucht, wie er es erwartet hat. Man hätte diesen Ungeduldigen ins Gedächtnis zurückzurufen, was Marx gesagt hat nach dem Scheitern der Revolution 1848: daß noch Jahrzehnte der Klassenkämpfe bevorstehen, bis die sozialistische Revolution akut werden kann.

Es sollte für einen Marxisten selbstverständlich sein, daß unter dem Spätkapitalismus die Hebel der Veränderung nicht dieselben sein können, die dies 1850 oder 1870 und 1900 und sogar 1917/18 gewesen sind. Die Frage, wie es zur heutigen Situation in den hochkapitalistischen Ländern gekommen ist, ist eine gründliche Untersuchung wert. Das aber nenne ich nicht Resignation.

FRAGE In dem Aufsatz über die femininen Elemente des Sozialismus in *Zeit-Messungen* wird ein Widerspruch festgestellt: zwischen der Notwendigkeit der Aggressivität im Kampf um die Gleichberechtigung und dem gleichzeitig erforderlichen nicht-aggressiven (weiblichen) Moment im Emanzipationsprozeß. Wie ist dieser Widerspruch zu lösen?

MARCUSE Da muß betont werden, daß der Widerspruch ein wirklicher, ein dialektischer ist. Es ist sehr schwer, sich konkret vorzustellen, wie dieser Gegensatz, sagen wir mal, zwischen notwendiger Aggressivität und femininer Antithese ausgetragen werden kann. Das einzige, was ich jetzt dazu sagen kann, ist, daß eine Transformation an der Wurzel stattfinden muß und daß z. B. die Frauen zu den bis jetzt meist nur den Männern vorbehaltenen Berufen Zugang finden müssen, daß gerade die Frauen an einer Änderung der menschlichen Beziehungen, auch der beruflichen Beziehungen, arbeiten sollten. Ich halte dafür, daß Menschen auch im »Geschäft« Menschen sind und nicht nur Instrumente der Konkurrenz und Objekte des Profits. Das scheint mir immerhin eine Chance zu sein, die Ziele der Frauenbewegung zu erreichen. Hinzufügen muß ich: alle diese Anstrengungen können nur dann Erfolg haben, wenn die Frauen mit den oppositionellen Männern zusammenarbeiten.

FRAGE Inwieweit kann zur herrschenden Praxis ein alternatives Gegenmilieu geschaffen werden, in dem die neuen, von Dir als feminin bezeichneten Qualitäten ausgebildet werden, ohne daß die Träger einer solchen *alternativen Praxis*, Frauen und Männer, an den bestehenden Verkehrsformen scheitern?

MARCUSE Ein Milieu für die alternative Praxis zu schaffen, kann meiner Meinung nach nur heißen, allmählich den Bereich, wo Frauen bereits in den Berufen arbeiten und wo sie bereits organisiert sind, innerhalb der bestehenden Gesellschaft auszubauen. Ein *Gesamt*milieu für alternative Praxis setzt schon die Veränderung der Gesamtgesellschaft voraus.

In der gegenwärtigen Situation des Kapitalismus verlangt die sozialistische Strategie eine reformistische Taktik, die allmählich erweitert und radikalisiert werden könnte, bis zu dem Punkt, an dem sie das System nicht mehr verkraften kann. Das ist meiner Meinung nach das richtige Verhältnis zwischen »reformistisch« und »revolutionär«. Beispiel: Daß eine bestimmte Gruppe, die einen bestimmten Job in der Fabrik hat, auf Selbstverwaltung drängt, ist sicherlich noch akzeptabel für den Kapitalismus. Die Erweiterung dieser Selbstverwaltung aber in die gesamte Betriebshierarchie hinein zeigt bereits auf den Punkt, an dem die reformistische Taktik ein strategisches Ziel erreicht hat – also in eine revolutionäre umschlägt. Das setzt dann allerdings internationale Solidarität voraus. Dazu ist nun zu sagen, daß internationale Solidarität heute vor allem auf der Gegenseite existiert. Es gibt eine äußerst effektive Internationale der Polizei und der Geheimdienste, eine Internationale des Großkapitals. Es gibt keine vergleichbare Internationalität der Oppositionellen. Internationale solidarische Aktionen, zum Beispiel von *amnesty international* u. a., soll man unbedingt unterstützen. In der heutigen Situation ist aber die Hauptenergie nicht auf eine vor allem verbale Solidarität zu verwenden, wir müssen vielmehr für Solidarität an der Stelle *arbeiten*, wo wir stehen.

FRAGE Du, als einer der Mitbegründer der Kritischen Theorie, kritisierst eine gefährliche Einseitigkeit in der Orientierung des gegenwärtigen Marxismus an der Entfesselung der Produktivkräfte. Was heißt das?

MARCUSE Diese Orientierung war bei Marx ganz schlüssig und natürlich, wenn man bedenkt, in welcher Epoche er die Theorie der Politischen Ökonomie entwickelt hat. Damals war es ja wirklich eine Frage auf Leben oder Tod, die Produktivkräfte so weit zu entfalten, daß die Gesellschaft reich genug wird, um den Sozialismus zu verwirklichen. Heute sieht es in den hochentwickelten Industrieländern – und dort sollte sich ja nach Marx die sozialistische Revolution durchsetzen – ganz anders aus. Die starrsinnige und unreflektierte Betonung der notwendigen Entwicklung und Weiterentwicklung der Produktivkräfte kann leicht dazu führen, daß man die Unterwerfung des Menschen unter die Instrumente seiner Arbeit perpetuiert. So wird die Verwirklichung des Sozialismus ständig vertagt, verschoben. Das mag heute noch zu rechtfertigen sein aus der Konkurrenz, in der die sozialistischen Länder mit den kapitalistischen stehen.

Was der Orientierung an der stetigen Entwicklung der Produktivkräfte zugrunde liegt, ist die ganz und gar undialektische Vorstellung, eine dauernd gesteigerte und verbesserte Produktivität münde schließlich in den Sozialismus. Der Umschlag von Quantität in Qualität wird suspendiert; man erwartet eine mehr oder weniger gradlinige Entwicklung zum Sozialismus. Die Alternative dazu ist die Umorientierung des Sozialismus: *radikale Veränderung des Systems der Bedürfnisse.* Dies gehört meiner Meinung nach heute notwendigerweise zum Begriff des Sozialismus. *Sozialismus meint eine qualitativ andere Gesellschaft, nicht nur eine quantitativ verschiedene.*

FRAGE In deinen Antworten ist eine Identität von Marxismus und Kritischer Theorie hergestellt, wie sie zu Anfang im Selbstverständnis der Begründer wohl intendiert war. Worin besteht nun die Bedeutung der marxistischen Philosophie heute? Wie läßt sich deutlich machen, daß die marxistische Philosophie, der Marxismus, in dem Theorie und Praxis vereint sind, ein wesentliches Element der Veränderung ist?

MARCUSE Die Bedeutung der marxistischen Philosophie besteht heute in dem, worin sie immer bestanden hat, nämlich, daß sie Begriffe herausbildet, die imstande sind, das Ganze der Gesellschaft zu erfassen, und zwar im Hinblick auf deren mögliche Veränderung. Ich glaube, daß die marxistische Theorie nach wie vor diese Geltung beanspruchen kann, vorausgesetzt, die im 19. Jahrhundert und zu Anfang des 20. Jahrhunderts ausgearbeiteten Grundbegriffe werden nicht einfach übernommen, wiederholt, sondern dialektisch weiterentwickelt. Es ist unentschuldbar, wenn ein Marxist heute die von Marx gefundenen Begriffe schlicht reproduziert und auf die sehr verschiedene Situation des Kapitalismus jetzt, auf die veränderte Lage, das veränderte Bewußtsein der Arbeiterklasse anwendet, sie der gegenwärtigen Situation bloß aufpfropft. Das ist es, was ich Verdinglichung, Fetischisierung und Ritualisierung der Marxschen Theorien nenne. Diese Behandlung oder vielmehr Mißhandlung der Marxschen Theorie ist heute im objektiven Sinne reaktionär und konterrevolutionär, spielt faktisch dem Bestehenden in die Hand, weil der Abstand zwischen den verdinglichten Begriffen, wie sie heute gebraucht werden, und der Realität so offenbar ist, daß ein Konzept, das diesen Wandel nicht zur Kenntnis nimmt, keinen Einfluß auf die potentiell radikalen Kräfte, die die Veränderung herbeiführen können, nehmen kann.

Hebel der Veränderung

1977 trafen sich in Salecina Herbert Marcuse und Max Frisch mit Lehrern, Studenten, Angestellten und Arbeitern. Auf der Tagesordnung dieses freien Seminars stand das Thema »Die Hebel der Veränderung«. Hier Marcuses Antworten auf Fragen in der Schlußdebatte:

FRAGE Inwieweit können von veränderten menschlichen Beziehungen gesellschaftliche Veränderungen ausgehen?

MARCUSE Menschliche Beziehungen, also nicht die Tauschbeziehungen, sind meiner Meinung nach sehr wohl eine Grundlage der Veränderung. Ich weise mit Nachdruck darauf hin, daß die Vernachlässigung dieser Dimension des Subjekts und der Subjektivität einer der großen Mängel des Marxismus ist. Der Marxismus hat sich viel zu sehr und viel zu ausschließlich auf das Basis-Überbau-Schema fixiert und alles, was sich dem engen Begriff der Basis nicht zuordnen ließ, als zweitrangig und weniger wichtig betrachtet. Eine der Folgen davon war, daß der politische Kampf für den Sozialismus selbst objektiviert und verdinglicht wurde. Man hat nicht gesehen, daß die Menschen den Sozialismus nicht durchsetzen können, wenn sie nicht zuvor das Bewußtsein und die Bedürfnisse entwickelt haben, die für den Aufbau einer wirklich freien Gesellschaft konstitutiv sind. Genau diese Dimension der Subjektivität scheint mir der vergessene und versäumte Gegenstand des Marxismus zu sein. Heute müssen wir angesichts eines Kapitalismus, der noch die geheimste Triebdynamik der Menschen manipulieren und beherrschen kann, wieder auf diese Dimension Gewicht legen.

FRAGE In Deinem Aufsatz *Scheitern der Neuen Linken?* heißt es: »Die Neue Linke ist nicht gescheitert, gescheitert sind ihre aus der Politik geflohenen Anhänger.« Verkennt dieser Satz nicht, daß diese »geflohenen Anhänger« ein Opfer der Hilflosigkeit von Theorie und Praxis der »Neuen Linken« sind? Daß Individuen versagen, hat doch wohl mit der gesellschaftlichen Bedingtheit individuellen Handelns zu tun.

MARCUSE Ich glaube nicht, daß Theorie und Praxis der Neuen Linken an diesem Scheitern schuld sind. Die Theorie und die Praxis der Neuen Linken, das ist hier angedeutet worden, haben schließlich eines der Hauptprobleme der Strategie der Arbeiterbewegung im ganzen auf einer neuen Grundlage aufgenommen. Ich meine die Frage, ob und in welchem Grad die autoritär und bürokratisch zentralisierten Massenparteien noch die adäquaten Organe des Klassenkampfes in dieser Periode sein können. Die Frage ist natürlich nicht beantwortet worden, aber immerhin sind sehr wichtige Vorbedingungen geklärt worden.

Die Theorie der Neuen Linken hat dazu geführt, daß man sich endlich einmal genauer ansieht, inwieweit die Arbeiterklasse unter dem entwickelten Monopolkapitalismus noch die von Marx und Engels beschriebene Arbeiterklasse ist. Die Ergebnisse dieser Untersuchungen über die *veränderte Zusammensetzung der Arbeiterklasse*, über die Ursachen ihrer

Verbürgerlichung, über den stetig steigenden Anteil von »White-collar-Arbeitern« (Angestellten) im Verhältnis zu »Blue-collar-Arbeitern« im Produktionsprozeß begründen und gebieten neue Überlegungen zu den Vorbedingungen der Revolution und des geschichtlichen revolutionären Subjekts. Das sind Sachverhalte von hoher Bedeutung.

Ein weiterer Punkt sind Analysen zum *Revolutionsmodell*: ob wir uns die kommende Revolution (wenn sie kommt) nicht ganz anders vorstellen müssen als nach den überlieferten Bildern und Erfahrungen. In diesem Zusammenhang erlangt der Begriff der *Spontaneität* sein Gewicht – Spontaneität, die allerdings nur im Rahmen einer neuen Organisation wirksam sein kann. Unter organisierter Spontaneität verstehe ich zum Beispiel, wenn Empörung über eine Preiserhöhung statt zu verpuffen in eine politische Aktion, sei es eine Demonstration, sei es einen Boykott, mündet; wenn aufgrund der Erfahrungen der Beteiligten, entsprechend ihren wirklichen Bedürfnissen, politische Handlungen zustande kommen.

FRAGE Auf welcher Organisationsgrundlage?

MARCUSE In Basisgruppen und anderen Varianten der direkten Demokratie, mit einer Koordination über den lokalen Rahmen hinaus. Das heißt: Räteorganisation, die sich fortsetzt in politischer Organisation auf weiteren Ebenen.

FRAGE Wie steht es mit dem Verhältnis sozialer und politischer Befreiung zur individuellen Emanzipation?

MARCUSE Es ist richtig, daß sich eine soziale und politische Befreiung ohne individuelle Emanzipation nicht vorstellen läßt. Andererseits ist ebenso richtig, daß die »große Welle« der individuellen Emanzipation *noch gar nichts besagt, auch nicht über das Verhältnis von bürgerlichem Individuum zu einem realen Begriff des Individuums.*

Die Vereinigung beider, der persönlichen Emanzipation und der Solidarität, und die politische Verknüpfung der individuellen mit der gesellschaftlichen Emanzipation sind heute nur in kleinen Gruppen möglich. Eine große Gefahr dabei ist, daß die Beschäftigung mit dem eigenen Selbst, isoliert vom politischen Kampf, von den politischen Prozessen, in Reaktion umschlagen, repressiv werden kann und dann die überkommenen Herrschaftsstrukturen befestigt. Ich respektiere – das muß gesagt werden, um Mißverständnisse auszuschließen – in jedem Falle die Privatsphäre des Individuums.

FRAGE Was ist das: »Privatsphäre?«

MARCUSE Schon der Name sagt, daß etwas der Gemeinschaft vorenthalten wird. Das muß respektiert werden, ist aber schwer zu definieren. Allzu schnell wird auch in Gegeninstitutionen, Wohngemeinschaften und Kommunen »organisiert«, was sich gegen Organisierung sperrt.

FRAGE Was heißt »utopisch« heute?

MARCUSE Das Wort »Utopie« sollte unter Sozialisten nicht mehr gebraucht werden, weil das, was als utopisch ausgegeben wird, durchaus nicht utopisch ist. Ein Beispiel: die Abschaffung der Armut, des Elends. Heute ist der gesellschaftliche Reichtum so groß, daß bei einer vernünftigen und wirklich auf das Interesse aller gerichteten Organisation der Produktivkräfte die Überwindung der Armut in der Welt in wenigen Jahren möglich wäre.

Die Verkürzung der Arbeitszeit ist nach Marx die erste Vorbedingung der sozialistischen Gesellschaft. Niemand leugnet, selbst die konservativen bürgerlichen Ökonomen nicht, daß in den entwickelten Industrieländern heute die *Arbeitszeit entscheidend reduziert* werden könnte, ohne daß das kulturelle und materielle Lebensniveau sich verschlechtern müßte. Das sind Indizien dafür, daß die propagandistische Karikierung des Sozialismus als Utopie tatsächlich nichts anderes ist als Diffamierung.

FRAGE Wie bist Du politisiert worden?

MARCUSE Das war wohl eher ein Zufall (Glück würde ich es nicht nennen wollen). Es hängt zusammen mit meinem unmittelbaren Erlebnis der deutschen Revolution von 1918. Damals war mit Händen zu greifen, was vor sich ging. Ich habe teilgenommen an der letzten Massenversammlung, auf der Rosa Luxemburg gesprochen hat; ich war in Berlin, als Karl Liebknecht und Rosa Luxemburg ermordet wurden. Bereits 1919 ist mir klar geworden, daß die Revolution verloren war. Die Sozialdemokratische Partei hat einiges dazu beigetragen. Die Folgerung, die ich daraus gezogen habe, war: Setz dich hin und versuche herauszufinden, wie das geschehen konnte in einem Lande, in dem ein großer Teil der organisierten Arbeiter einer damals noch revolutionären und militanten Kommunistischen Partei angehörte oder nahe stand. Es war in der Tat ein fifty-fifty-Verhältnis zwischen Sozialdemokraten und Kommunisten 1919. Wie unter diesen Bedingungen, als wirklich revolutionäre Massen vorhanden waren, die Revolution zerschlagen werden konnte: das wollte ich verstehen. Merkwürdigerweise habe ich damit begonnen, nicht etwa Marx zu studieren, sondern Philosophie und Freud. Im Zusammenhang dieses Studiums bin ich dann zurückgekommen auf Marx, allerdings einen Marx, der in vielen Hinsichten neu bedacht werden mußte. Mit Büchern allein geht es nicht, Erfahrungen sind unerläßlich – verarbeitete Erfahrungen. Aber um sich anhand dieser Erfahrungen politisch zu orientieren, ist die Theorie unerläßlich und unersetzlich.

FRAGE Intellektuelle Praxis – oder kann das Parteiarbeit sein?

MARCUSE Heute ist theoretische Arbeit, die Mitarbeit der Intellektuellen besonders wichtig, weil das Bewußtsein und das Unbewußte in einer Weise irritiert und manipuliert werden, die selber nicht mehr bewußt und nicht mehr wahrgenommen wird.

Ich bin nicht der Meinung, daß das eine Alternative ist: intellektuelle Arbeit *oder* Arbeit in einer Partei. Man kann allerdings zeigen, daß die *Kader*partei heute nicht die adäquate Form der militanten Strategie ist. Autoritär-bürokratische Organisationen sind historische Organisationsformen. Unter diesem Gesichtspunkt wäre zu untersuchen, was gegenwärtig in manchen kommunistischen Parteien sich anbahnt oder abspielt.

Die Gespräche 1977 in Zürich kreisten um dieselben Probleme. Die folgenden Auszüge aus den Tonbandaufzeichnungen halten die entscheidenden Argumente und Themen fest.

Kein Spekulieren auf das Elend

MARCUSE Die Neue Linke heute vernachlässigt in ihren Konzepten die simple Tatsache, daß die Industriegesellschaften durchaus in der Lage sind, die Bedürfnisse der Mehrheit der lohnabhängigen Bevölkerung zu befriedigen. Im Rahmen dieser materiellen Garantie kommt es offenbar zu einer Verkleisterung der brisanten politischen Konfliktstoffe und zu einem Burgfrieden zwischen den Beherrschten und den Herrschenden. Es wäre nun freilich falsch, daraus den Schluß ziehen zu wollen, alles, worauf wir hoffen können, sei eine Verschlechterung der sozioökonomischen Lage in einem solchen Grade, daß der Burgfrieden von den Beherrschten aufgekündigt wird und die Leute wieder zurückgeworfen werden auf den Status von Sklaven.

ROTHSCHILD Das wäre ein aberwitziges Konzept. Dennoch hört man solche Parolen . . .

MARCUSE Es wäre aberwitzig, darauf zu spekulieren, ja sogar, wie es einige aus der Neuen Linken tun, auf das Elend zu setzen, indem sie z. B. gegen die Erhöhung der Arbeitslosenunterstützung argumentieren, usw. Wenn es zu einer einschneidenden Verschlechterung der ökonomischen Verhältnisse kommt, dann kann, wie die Geschichte lehrt, sehr wohl der Faschismus eine Massenbasis gewinnen.

PINKUS Die Linken, die auf die Verelendung der Massen setzen, wollen alles vermeiden, was das System stabilisieren könnte.

MARCUSE Es ist heute keine Erschütterung des Systems möglich, die nicht zugleich die Repression festigte. Noch Jahrzehnte kann diese prekäre Balance halten.

ROTHSCHILD Ja, denn die Kompensationsmechanismen, mit denen der Kapitalismus operiert, sind außerordentlich effektiv. Hier brauchte es eine Art neuer Massenpsychologie, um das Bewußtsein der Menschen für diese Sachverhalte zu schärfen, und eine klare Strategie der Veränderung mit konkreten Zielprojekten einer »anderen Gesellschaft«. Ich muß allerdings einräumen, daß ich für eine solche Strategie keinerlei Anzeichen sehe, ja, nicht einmal Methoden, dieser Situation beizukommen, ausgenommen vielleicht die Methoden der Politischen Psychologie. Aber ich bezweifle, daß mit rein psychologischen Instrumenten diese Situation erfaßt oder gar aufgebrochen werden kann.

MARCUSE Dann muß man sich fragen, wie und warum die Revolte 1968 die Lage verändert hat. Der Anlaß war schließlich nicht radikal.

PINKUS Der Revolte ist seit 1964/65 eine Entwicklung vorausgegangen, die einiges vorbereitet hat und die einiges erklärt. Ich denke z. B. an die Anti-Atomkampagne. Dazu kamen Auswirkungen der Konjunktur, der internationalen Konkurrenz und, nicht zuletzt, die Kämpfe in der Dritten Welt, in Vietnam vor allem, sowie die dringliche Aufgabe einer Universitätsreform. Das alles hat wahrscheinlich zusammengewirkt.

MARCUSE Aber das erklärt, meiner Meinung nach, noch immer nicht das wirklich Neuartige: daß 1968 nach mehr als hundertjähriger Verschüttung die Idee des Sozialismus als einer qualitativ neuen Lebensweise für eine kurze Zeit wieder zum Ausdruck gekommen ist. Und hier sollte man vermutlich mit einer psychologischen Erklärung ansetzen: Handelte es sich um den Versuch der Aktivierung erotischer Energie im Protest gegen die vom System betriebene Stärkung destruktiver Energie, also um die Wiedereinsetzung des Eros als politische Kraft? Wobei ich gleich hinzufüge, daß dieses Projekt mit den wirren Exaltationen der pseudo-freien Kommunen überhaupt nichts zu tun hat.

ROTHSCHILD Versuchen wir doch zunächst einmal zu klären, was 1968 passiert ist. Dabei gehe ich aus von der Tatsache, daß auch in Perioden öffentlicher Ruhe Spannungen und Widersprüche am Werk sind, die von bestimmten Schichten und Altersgruppen der Bevölkerung als unerträglich empfunden werden. Zu diesen Gruppen zähle ich nicht diejenigen, die sich, erschöpft von der Arbeit, mit Freizeit-Gratifikationen abspeisen und stillhalten lassen, wohl aber beispielsweise die Heranwachsenden und Jugendlichen, die sich in den stabilen Zuständen, mögen sie noch so befriedigend scheinen, nicht niederlassen wollen, mit ihnen nichts anfangen können. Es entsteht Langeweile in diesem sterilisierten Pseudo-Wohlbefinden. Alles erscheint vorprogrammiert. Kreativität und Initiative sind gelähmt. Wenn dieser Zustand lange andauert, kann es zu Protesthandlungen kommen, allerdings nur bei gewissen Gruppen, nicht bei der Masse der Bevölkerung – deren Unruhe ist schnell wegnarkotisiert. Im übrigen vermute ich, daß die Regierungen und Machtapparate längst über hinreichend subtile und effektive Mittel verfügen, um aufkommenden Unmut, ja sogar Resistenz bei den sensibleren Gruppen zu neutralisieren, indem sie »Freiräume« für »Opposition« einrichten.

MARCUSE Die Vorstellung, daß Gruppen aus Langeweile revolutionär werden, finde ich unausstehlich. Dieser »Elan« fällt schnell wieder in sich zusammen.

ROTHSCHILD Gerade deshalb wäre zu untersuchen, ob z. B. die transitorische Situation des Studenten – der Umstand, daß das, was er denkt und macht, Probier- und Vorlaufcharakter hat –, ob also die enge Zeitdimension, in der der Student sich bewegt, das Protestpotential verstärkt – leichter und eher als bei Leuten, die etwas Errungenes, Erworbenes zu verteidigen haben. Was aber auch heißt, daß die Auflehnung selber eine transitorische ist, wenn sie sich, wie man 1968 und danach gesehen hat, nicht in andere politische Formen vermittelt.

MARCUSE Bis jetzt haben wir das Hauptproblem noch gar nicht ins Auge gefaßt: die subjektiven Bedingungen politischer und gesellschaftlicher Veränderung. Eine solche Veränderung, soll sie nicht einfach einen »verbesserten« Kapitalismus zum Ergebnis haben, verlangt neue Menschen, Menschen mit anderen Bedürfnissen, anderen Interessen, mit einem neuen Verständnis von Selbstverwirklichung. Meine Frage, auf die ich allerdings keine Antwort weiß, ist: Wer entscheidet, welche Bedürfnisse die neuen, die geschichtlich vorwärtstreibenden Bedürfnisse sind, und wer mag sich anmaßen, diese Veränderung im System der Bedürfnisse, auf welche Weise auch immer, zu proklamieren? Läuft das nicht darauf hinaus, daß eine Manipulation durch eine andere ersetzt wird? Also, wer definiert die befreienden Bedürfnisse?

Die neuen Bedürfnisse in der alten Gesellschaft

ROTHSCHILD Ich glaube, bei diesem Thema gibt es Meinungsverschiedenheiten zwischen uns. Ich denke in diesem Zusammenhang nicht an neue Bedürfnisse. Es wird auch nicht ein »genetisch neuer Mensch« entstehen, der plötzlich neue Bedürfnisse entwickelt. Worum es geht, sind meiner Meinung nach die Aufdeckung und die Entfaltung alter Bedürfnisse, die in unserer Gesellschaft zugrunde rationalisiert, betäubt und verkümmert sind. Es gibt unbestritten Bedürfnisse, die in dieser Gesellschaft grundsätzlich nicht befriedigt werden, seien es nun erotische Bedürfnisse, seien es Bedürfnisse der Kommunikation etc., während zugleich das Bewußtsein, daß sie nicht befriedigt sind, wegmanipuliert ist. Ich bin also nicht der Auffassung, lieber Marcuse, daß man nach *neuen* Bedürfnissen suchen muß und darauf irgendwelche Hoffnungen gründen soll.

MARCUSE Nein, es handelt sich nicht darum, nach neuen Bedürfnissen zu suchen. Vielmehr ist zu zeigen, daß die neuen Bedürfnisse schon in der bestehenden Gesellschaft sich anmelden. Das läßt sich beobachten z. B. im Bereich der Ökologie, am Widerstand gegen die Zerstörung der Umwelt. Hier meldet sich ein neuartiges vitales Bedürfnis zu Wort. Sein Zusammenstoß mit den Basisinteressen des Kapitalismus zeichnet sich bereits ab. Doch ausgerechnet dieses Bedürfnis ist in der Arbeiterklasse tabuiert, wird sogar attackiert. Wir erleben das in Amerika. Auf Protestdemonstrationen gegen die Vernichtung eines Parks z. B. reagieren viele Arbeiter mit ungezügelter Wut.

PINKUS Das gilt auch im Hinblick auf Forderungen, ein Hochhaus, das geplant ist, nicht zu bauen. Es ist die Angst um die Arbeitsplätze, die da virulent wird.

MARCUSE Ja, sie prägt neuerdings auch auf eine verfälschende Weise die Auseinandersetzungen um die Errichtung von Kernkraftwerken.

ROTHSCHILD Richtig. Mit dem drohenden Verlust der Arbeitsplätze wird zunehmend argumentiert, selbst um unsinnige und destruktive Produktion zu rechtfertigen. Im Grunde jedoch geht heute die Arbeitslosigkeit als Rechenposten mit ein ins Budget der kapitalistischen Wirtschaftsstruktur. So werden Leute zu quasi staatlich bezahlter Freizeit verdammt. Aber diese »Freizeit« ist ohne *Sinn*. Die Leute, die da aus dem Produktionsprozeß ausgesperrt werden oder die nach Beendigung ihrer Ausbildung, ihres Studiums keine Arbeit finden, sind anfällig für Ideologien jeder Art. Gleichzeitig bildet sich bei Teilen von ihnen eine subversive Radikalität, die zur Aktion drängt und die vom »brain-engineering« nicht leicht verdaut werden kann ...

PINKUS Also Studenten und Arbeiter ohne Perspektive ...

ROTHSCHILD Ohne Perspektive, ohne Chance auf Selbstverwirklichung, ohne Identität. Darin steckt politisches Dynamit, das nur schwer unter Kontrolle gehalten werden kann. Die Widersprüche bleiben, und sie reproduzieren sich.

MARCUSE Dieses politische Potential ist zunächst stumm. Läßt es sich zum Sprechen bringen, aktualisieren? Man stößt da wieder auf altbekannte Widerstände. Die Tausenden von Hochschulabsolventen, die heute arbeitslos sind, wollen ja eine Arbeit finden, also müssen sie sich entsprechend verhalten. Ihre Erwartung, eines Tages vielleicht doch einen Job zu bekommen, bestimmt ihre Einstellungen, ihr Bewußtsein. Ihr Lebensentwurf ist gebrochen, bevor sie zu leben – und zu kämpfen – angefangen haben.

PINKUS Das heißt, sie müssen sich anpassen – in jeder Weise.

MARCUSE Allerdings.

ROTHSCHILD Aber der Schwindel fliegt bald auf, wenn für tausend Arbeitslose – und nicht nur Akademiker – ein einziger Arbeitsplatz zur Verfügung steht. Ich glaube nicht, daß man die Leute lange Zeit derart an der Nase herumführen kann. Man kann sie durchaus politisch mobilisieren. In Italien kann man ganz gut beobachten, was in allen Parteien des Establishments angesichts solcher Probleme vor sich geht – sie haben keine Lösungen mehr parat, ja nicht einmal mehr einleuchtende Lösungs*vorschläge*. Es hat Folgen, wenn man den Menschen den Wert ›Arbeit‹ nimmt, die Chance, sich in der Arbeit zu realisieren, zerstört . . .

Abschaffung der Arbeit?

MARCUSE Von welcher Arbeit ist hier die Rede?

ROTHSCHILD Zunächst von Arbeit als Betätigung. Arbeit, daran halte ich fest, ist eine der zentralen psychischen und sozialen Selbstverwirklichungsformen der Menschen.

MARCUSE Jetzt haben wir einen äußerst empfindlichen Punkt erreicht. Für mich ist die Idee der Abschaffung der Arbeit – nicht nur der offenkundig entfremdeten Arbeit – nach wie vor ein politisches Programm. Die Bestimmung des Lebens in Ausdrücken von Arbeit halte ich für eine, die der Stillstellung von gesellschaftlicher Phantasie und der Aufrechterhaltung des gegebenen ökonomischen Zustands dient.

SHEROVER Ich verstehe nicht, was Du meinst.

MARCUSE Ich meine Arbeit, die man leistet, um leben zu können.

SHEROVER Aber er redet von *Tätigkeit.*

MARCUSE Langsam! Zunächst einmal stelle ich mir Verhältnisse vor, in denen man nicht rackern muß, um sein Leben zu fristen, einen Zustand, in dem die Menschen, auf sich selbst zurückgeworfen, Zeit – auch Muße – haben, ihre Fähigkeiten zu entwickeln, ihren Neigungen nachzugehen. Sie könnten anfangen, neu zu denken, neu zu fühlen, auf neue Weise Erfahrungen zu machen. Das wäre die Situation einer radikalen Umwertung der Werte, die die Herausbildung neuer Einstellungen, eines neuen Bewußtseins, also eines qualitativ anderen Lebenszusammenhangs ermöglichen könnte.

ROTHSCHILD Vorsicht! Eine solche Situation kann allerdings auch Herrschaft stabilisieren. Irgend jemand muß nämlich auch dann über technische usw. Einrichtungen verfügen und sie in Gang halten, um essentielle Grundbedürfnisse zu befriedigen, ohne deren Befriedigung man ja wohl nicht zum Denken, gar zum neuen Denken kommt. Dieser Jemand hat Macht – auch unter den veränderten Umständen.

MARCUSE Das ursprüngliche Bild des Sozialismus in einer entwickelten Gesellschaft, wie Marx es gezeichnet hat, meint einen Menschen, der nach eigenem Willen wenig oder viel arbeiten kann, weil davon nicht die Befriedigung der essentiellen Bedürfnisse abhängt.

ROTHSCHILD Also freier Wille zur Arbeit wie zur Muße . . .

PINKUS Hier ist eine Quantifizierung erforderlich. Eine geringe, aber für die Reproduktion der materiellen Existenz wesentliche Arbeitsleistung unter den geschilderten Verhältnissen braucht nicht mehr drückend zu sein, sie kann sogar kreativ sein. Die Arbeit ist dann keine Last mehr. Der bereits erreichte Stand der Technik ließe eine Verringerung der notwendigen Arbeit zu und zugleich ihre Vereinfachung, so daß jedermann sie relativ rasch verrichten kann. Diese notwendige Arbeit, das heißt Arbeit, die wirklich die Not wendet, wäre weder aufgrund von Zwang noch durch Verinnerlichung von Zwang länger der entscheidende Lebensinhalt der Menschen. Statt dessen würden die schöpferischen Fähigkeiten entwickelt werden . . .

MARCUSE Die notwendige Arbeit hörte auf, der bestimmende Lebensinhalt der Menschen zu sein. Ist das eine ganz und gar unrealistische Vorstellung?

ROTHSCHILD Dagegen gibt es gravierende Einwände. Die Identitätsfindung der Menschen ist schließlich an die dingliche Welt gebunden und geschieht auch über die Arbeit. Hinzu kommt, daß jedenfalls heute noch – wir sind in diesem Punkt einer Meinung – in der sogenannten Freizeit ebensoviel Herrschaft ausgeübt wird wie im Arbeits- und Produktionsbereich.

MARCUSE Was ich bisher zum Problem der Arbeit gesagt habe, setzt die Abschaffung der Herrschaft in der Gesellschaft voraus. In der Gesellschaft, die wir kennen und in der wir leben, ist das – ich gebe es zu – vorläufig nichts als ein Programm.

ROTHSCHILD Lieber Marcuse, da haben wir wieder einmal einen ihrer Saltosprünge: Zunächst haben Sie gesagt, der neue Menschentypus sei die Voraussetzung der Abschaffung von Herrschaft, und jetzt sagen Sie, diesen neuen Typus könnten Sie sich erst nach der Abschaffung von Herrschaft vorstellen!

MARCUSE Ich habe aber auch betont, daß dieser »neue Mensch« schon innerhalb der Grenzen des Bestehenden sich bildet. Dieses Paradox ist in der Tat das geschichtliche Paradox.

PINKUS Das ist das Merkmal des echten Kommunisten.

MARCUSE Das sagt mir nichts.

PINKUS Ich verstehe darunter die Einheit von öffentlichem und privatem Leben, von Theorie und Praxis. In dieser Einheit gründet der Wille zur Veränderung.

ROTHSCHILD Diesen Willen zur Veränderung gibt es zweifellos, er ist zum Teil sogar organisiert. Es gibt viele Menschen, die diesen Willen haben; aber er bedarf der Organisationen, die Veränderung fordern und erkämpfen.

MARCUSE Was heißt hier Veränderung? Hier sind Unterscheidungen angebracht. In den USA z. B. will die Majorität der Arbeiterklasse selbstverständlich Änderungen, d. h. gute Löhne, kürzere Arbeitszeiten, bessere Organisierung der Arbeitsabläufe und des Arbeitsmarkts, aber keineswegs Sozialismus.

ROTHSCHILD Die Strukturen der Herrschaft selbst erzeugen den Wunsch nach ihrer Abschaffung. Und wenn die

Forderungen aufrechterhalten werden, entfalten sie eine politische Kraft.

MARCUSE Es wird also für das System immer schwieriger, selbst die ökonomischen Forderungen zu erfüllen?

ROTHSCHILD Sicherlich. Aber es gibt Wünsche, Bedürfnisse und Forderungen außerhalb des enggefaßten Konflikts zwischen Lohnarbeit und Kapital. So hat etwa die Volksabstimmung über die Fristenlösung in der Schweiz gezeigt, daß sich in diesem Land – wie übrigens in ganz Europa – eine beträchtliche Minderheit der Bevölkerung in einem Grundrecht eingeschränkt fühlt. Das gilt im übrigen für das gesamte Problem der Emanzipation der Frauen. Es läßt sich nicht im Rahmen gewerkschaftlicher Forderungen unterbringen.

MARCUSE Einverstanden. Aber wie kann ein solches latentes Bewußtsein einer notwendigen qualitativen Veränderung gesellschaftlicher Verhältnisse aktualisiert werden? Hier gibt es wohl hauptsächlich zwei Möglichkeiten. Die erste ist psychologisch-politische Erziehung. Sie zielt zwangsläufig immer auf das Individuum – die Vermittlung zwischen dem Einzelnen und dem Allgemeinen bleibt dabei prekär. Die zweite Möglichkeit (und sie ist für mich die wahrscheinliche) ist, daß das Bewußtsein einer notwendigen Veränderung von den gesellschaftlichen Bedingungen des Spätkapitalismus selbst aktualisiert wird. Ich habe das einmal in einer äußerst inadäquaten Weise zu formulieren versucht mit dem Hinweis, daß auf der gegenwärtigen Stufe der Entwicklung die inneren Widersprüche sich verschärfen bis zu dem Widerspruch, daß der Kapitalismus Bedürfnisse erzeugt, die er nicht befriedigen kann. Konkreter: Unter dem Zwang zur Produktivitätssteigerung der Arbeit müssen alle Mittel und Ressourcen des technologischen Fortschritts mobilisiert werden, um die erweiterte Kapitalakkumulation zu sichern. Das Resultat ist: konstante Produktion von Genußgütern bei wachsender Verschwendung von Energie und Rohstoffen. Ich bin der Auffassung, daß der ungeheure Reichtum und die gesteigerten Genußmöglichkeiten durch intensivierte Ausbeutung und entfremdete Arbeit erkauft werden. Dieser Widerspruch nun läßt sich auf die Dauer weder unterdrücken noch verdrängen. Der Kapitalismus produziert das Bild einer von Not, Mühsal und Angst befreiten Gesellschaft; aber er kann sie nicht verwirklichen.

Daß dieser Widerspruch allmählich bewußt wird, zeigt sich z. B. – darüber haben wir ja kurz gesprochen – in der Ökologie-Bewegung, in den Protesten gegen die Kernkraft-Industrie, gegen die erniedrigende und verschleißende Organisierung der Fabrikarbeit usw. Sie selbst haben darauf aufmerksam gemacht, daß die Studentenrevolte der sechziger und frühen siebziger Jahre auch in der Arbeiterklasse Zweifel hervorgetrieben hat, die die postpuritanische Arbeitsethik ins Wanken bringen.

Agitation und Emanzipation

ROTHSCHILD Sie haben vorhin die psychischen Auswirkungen der kapitalistischen Entwicklungsdynamik auf der einen und die Selbstzerstörung der kapitalistischen Strukturen auf der anderen Seite erwähnt. Aber Sie haben nicht von den im strengen Sinne politischen Faktoren gesprochen, z. B. von der politischen Agitation. Ist das ein Zufall? Ich bin mir keineswegs sicher, daß ein Defizit in der Befriedigung der Bedürfnisse, die der Kapitalismus erzeugt, automatisch eine revolutionäre Entwicklung einleiten wird.

MARCUSE Nichts wird sich automatisch ergeben. Sie haben den Begriff der Agitation eingeführt. Was bedeutet er? Ist damit mehr gemeint als, sagen wir mal, eine Verfeinerung der sozialistischen oder kommunistischen Propaganda?

ROTHSCHILD Agitation heißt für mich angemessene, psychologisch durchdachte Information – Information über Widersprüche, Konfliktherde. Agitation ist nicht Verdummung, sondern Aufklärung.

MARCUSE Wie soll diese politische Agitation konkret aussehen? Wie soll sie vor sich gehen – durch Erziehung, in der Schule oder an der Universität z. B., durch Organisierung von Demonstrationen usw., oder wie sonst? Ich glaube, jedenfalls soweit es Amerika betrifft, daß nicht die Gründung einer neuen Partei auf der Tagesordnung steht, einer Partei, die in dem von Ihnen angedeuteten Sinne wirken könnte. Was also bleibt? Wir sind wieder angewiesen auf die Alternative politischer Erziehung als Kommunikation zwischen Individuen und Gruppen.

ROTHSCHILD Ist das nicht reale Aufklärung? Und wie verhält es sich da mit Information und Bewußtsein?

MARCUSE Das Problem ist doch, wie Aufklärung organisiert wird, organisiert werden kann. Ist sie institutionalisiert? Wir kennen ja die Versuche, Gegeninstitutionen zu schaffen: Freie Universitäten, Freie Schulen, Wohngemeinschaften, Workshops usw. Das hat es gegeben und gibt es noch immer. Entspricht das Ihrer Vorstellung von Agitation?

ROTHSCHILD Nein, all das ist lediglich ein Moment von politischer Aufklärungsarbeit, freilich eines, das, wie wir in den sechziger und siebziger Jahren gesehen haben, auch in den bürgerlichen Schichten Spuren hinterläßt. Jedenfalls sollte man den Wert der politischen Agitation nicht unterschätzen.

MARCUSE Und diese politische Agitation soll sich also niederschlagen in den Gegeninstitutionen der sogenannten »counter-culture«? Dazu muß ich allerdings sagen, daß ich das Gefühl nicht loswerde, eine solche organisierte Entsublimierung wirke sich anti-emanzipatorisch aus. Sie ist erstens verwaltet, und zweitens tendiert sie dazu, das Subjektive auf Kosten des Politischen oder das Politische auf Kosten des Subjektiven in den Vordergrund zu stellen.

PINKUS Diese Gefahr kann ich aus meiner Erfahrung nach fünfzig Jahren Arbeiterbewegung bestätigen. Die Agitation wird leicht zu einer sich selbst legitimierenden, in sich selbst rotierenden Tätigkeit. Die Partei ist ihr Träger. Nicht mehr Aufklärung ist dann das oberste Ziel, sondern die Legitimation der Aufklärer, ihrer Rolle, ihrer Funktionen. Daraus entstehen Verfälschungen und anti-emanzipatorische Effekte. Es wird von oben nach unten aufgeklärt. Die Folgen sind Manipulationen.

MARCUSE Ich nehme nicht an, daß Du die Differenz zwischen Aufklärenden und Aufzuklärenden leugnest . . .

PINKUS Nein. Aber wichtig ist die Bereitschaft derer, die aufklären wollen, sich von denen, die sie aufklären wollen, selber aufklären zu lassen. Wirkliche Aufklärung ist ein dialektischer Prozeß, kurz: eine Sache auf Gegenseitigkeit.

ROTHSCHILD Dein Einwand zur Agitation kommt mir so vor, als stellte ein Arzt die unwillkommenen Nebenwirkungen eines Medikaments in den Mittelpunkt der Therapie und vergäße darüber die möglichen nützlichen Hauptwirkungen.

MARCUSE Wer definiert, was die Neben- und was die Hauptwirkungen sind? Bei den Bürgerinitiativen gegen den Bau von Atomkraftwerken haben wir festgestellt, daß die Opposition gerade nicht aus der Gegenkultur hervorgegangen, sondern zum großen Teil spontan entstanden ist und sich nur zum geringeren Teil organisiert und institutionalisiert entwickelt hat. Das ist erst später geschehen.

Die politischen Kräfte

ROTHSCHILD Ich kann dieser These so nicht zustimmen. Die betroffene Landbevölkerung, eingeschläfert und eingeschüchtert wie sie ist, hätte sich vermutlich nicht zum Protest aufgerafft, wenn es nicht eine politische Kraft gegeben hätte, die imstande war, das Unbehagen zu artikulieren ...

MARCUSE Wer war diese politische Kraft? Sie kam wohl nicht aus der institutionalisierten Gegenkultur.

PINKUS Nein, sicher nicht. Aber auch die etablierten Interessenvertretungen haben versagt. Die Gewerkschaften haben sich nicht engagiert, die Kommunistischen Parteien haben sich angepaßt, der Ostblock hält die Kernenergie nach wie vor für ein Vehikel des Fortschritts, die Sozialdemokratische Partei hat, jedenfalls als Partei, keinen Widerstand geleistet.

ROTHSCHILD Ich habe nicht behauptet, daß eine Partei den Protest angeleitet hat. Ich habe gesagt, daß der Widerstand von Leuten artikuliert worden ist, die aus der hier an diesem Tisch ein wenig abschätzig beurteilten Alternativkultur kommen. Es waren junge Leute, häufig in Sozialberufen tätig, die das Thema aufgegriffen haben. Die Parteien und Organisationen haben sich, sofern sie überhaupt etwas unternommen haben, angehängt. Trotzdem ist das politisch-organisatorische Moment sehr wichtig.

PINKUS Einverstanden. Doch nun kommt das schwierigere Problem: Wie halten wir es mit den Kräften, die ohne Zweifel eine Gegenmacht darstellen (die sozialdemokratischen Parteien, die Gewerkschaften), die sich aber gegen Initiativen einer alternativen Politik sperren?

ROTHSCHILD Wann immer die Machtapparate Gewalt gebrauchen, um oppositionelle oder alternative Politik zu unterdrücken, machen sie politisch Minuspunkte. Ein Beispiel dafür sind die Polizeieinsätze gegen die Atomkraft-Gegner.

MARCUSE Das klingt mir zu sehr nach der alten Konfrontations-Parole. Man legt sich mit der Polizei, die ja sehr viel stärker ist als man selbst, an, und zwar nicht spontan, in konkreter, situationsspezifischer Abwehr, sondern in einer organisierten Weise. Für den Erfolg einer solchen Strategie bestehen keinerlei reale Chancen. Sie muß unter den gegenwärtigen Bedingungen scheitern und die Linke schwächen. Was also ist zu tun?

ROTHSCHILD Ich halte es für richtig, sich trotz aller Vorbehalte und Kritik den linken politischen Organisationen anzuschließen.

PINKUS Der politische Kampf hat bei uns und auch in der Bundesrepublik eine ganz falsche Stoßrichtung bekommen. Man kämpft mittels Provokationen gegen die Stellvertreter und Repräsentanten der herrschenden Ordnung, etwa gegen die Polizei. Das ist ganz und gar untauglich.

ROTHSCHILD Ich halte eine Konfrontations-Politik für absolut falsch, was nicht heißt, daß Konfrontationen aus dem Weg gegangen werden soll. Wenn unsere Politik ›stimmt‹, sind Konfrontationen – ich betone: Konfrontationen, nicht Brutalitäten – unausbleiblich.

MARCUSE Das ist sicherlich richtig. Aber ich bin mit dieser Antwort auf meine Frage: Was ist zu tun? keineswegs zufrieden. Der Beitritt zu einer Partei oder einer Gewerkschaft ist jedenfalls in den USA keine sinnvolle Antwort auf diese Frage. Die Teilnahme an Demonstrationen, Boykotten usw. ist zwar Bestandteil einer sinnvollen Antwort, aber nicht diese Antwort selbst, vor allem nicht für die jungen Menschen. Demonstriert haben sie seit Jahren immer wieder – mit welchem Erfolg? Und genau hier liegt eine Gefahrenquelle: daß man, weil man keinen Erfolg wahrnimmt, sich aus der Politik davonstiehlt. Der Weg führt dann statt in die Auseinandersetzung mit der Macht zum Psychiater oder in die Sekte.

SHEROVER Ich finde es bemerkenswert, daß keiner von euch überlegt, wie man z. B. etwas tun kann gegen die Gewalt, die Frauen in dieser Gesellschaft angetan wird.

MARCUSE Soll ich den Linken raten, sie sollen verhindern, daß Frauen geprügelt werden?

SHEROVER Warum gibst Du ihnen nicht diesen Rat? Es wäre wichtig, dafür zu sorgen, daß Frauen nicht länger männlicher Brutalität ausgesetzt sind.

MARCUSE Ich halte das – und die Erziehung dazu – für eine Selbstverständlichkeit.

PINKUS Vorsicht! Dem Problem »Gewalt gegen Frauen« muß man gründlicher nachgehen. Diese Gewalt ist doch auch Ausdruck einer stellvertretenden Aggression, geübt gegen Schwächere. Die Organisationen der Gegenmacht kranken daran, daß sie von Männern dominiert werden, die selber von der Herrschaft über die Frauen nicht abgelassen haben. Die Unterstützung der Autonomiebestrebungen der Frauen, auch der individuellen Emanzipation der Frauen, ist eine wesentliche Vorbedingung für die Veränderung politischen Verhaltens und gesellschaftlicher Zustände.

MARCUSE Dem stimme ich zu. Ich zögere, hier noch einmal über diese Probleme zu reden, ich habe das schon oft getan. Ich wiederhole, vorsichtig, meine These von den Stufen der Emanzipation der Frauen. Erste Stufe: Emanzipation der Frau innerhalb des kapitalistischen Systems, wobei die Gefahr droht, daß die Frauen jene Eigenschaften übernehmen, die die Männer unter dem Druck der wirtschaftlichen und gesellschaftlichen Anforderungen, dem Druck von Konkurrenz, entwickelt haben. Zweite Stufe: Aufhebung der Aggression und Unterdrückung in allen persönlichen und gesellschaftlichen Beziehungen, Verwirklichung der sogenannten weiblichen Qualitäten in der Sozialstruktur, also radikale Transformierung aller menschlichen Verhältnisse, die von der emanzipierten Frau auf gesamtgesellschaftlicher Grundlage, nicht nur im Privatbereich, vorbereitet würde. Aber das sind hochspekulative Gesichtspunkte.

ROTHSCHILD Darf ich dazu noch eine Anmerkung machen? Sind denn die weiblichen Qualitäten, von denen Sie, lieber Marcuse, gesprochen und geschrieben haben, sozusagen ontologische oder sind sie nicht vielmehr Ausdruck der spezifischen Rolle, die der Frau zugeschrieben wurde und zugeschrieben wird?

MARCUSE Selbstverständlich sind das keine ontologischen Qualitäten, sondern Qualitäten, die durch Jahrtausende patriarchalischer Zivilisation zur zweiten Natur, geronnene Geschichte geworden sind. Sie sind das Ergebnis von Unterdrükkung. Und als solche müssen wir sie zunächst einmal wahrnehmen. Erst wenn wir verstanden haben, wie sie sich gebildet haben, lassen sie sich sozusagen positiv wenden – positiv im Sinne der Überwindung der Unterdrückungsverhältnisse. Andernfalls verfallen wir selber der verdinglichten Begriffsgeschichte des Patriarchalismus . . .

ROTHSCHILD Dabei, glaube ich, kann eine politische Organisation zumindest hilfreich sein: Solidarität zwischen Frauen und Männern. Das ist doch viel genauer und besser, als einen kategorischen Imperativ zu setzen: Du sollst die Frauen nicht mehr unterdrücken!

PINKUS Das siehst Du zu abstrakt. Die Frage, von der wir ausgegangen sind, lautet: Was können wir tun? Wie kann man, z. B. in der eigenen beruflichen Umgebung, sinnvoll politisch handeln?

Was tun?

ROTHSCHILD Auf diese Frage gibt es keine allgemeine Antwort und sicherlich keine abstrakt radikale. Wenn sich einer an seinem Arbeitsplatz radikal verhält, fliegt er. Du würdest ihm aber wohl auch nicht raten, sich 5 oder 10 Jahre lang selbst den Mund zu verbieten?

PINKUS Nein, keinesfalls. Ich würde ihm allerdings klarmachen, daß, wer schreit, nicht schon ein Revolutionär ist.

ROTHSCHILD Und woher bekommt er seine politischen Impulse, wenn er nicht in einer Organisation mitwirkt, die ihn politisch wachhält und die ihm in konkreten Situationen raten kann?

PINKUS Du mußt zugeben, daß politische Organisationen große Schwierigkeiten haben, solche Ratschläge zu erteilen. Immer wieder wollen und müssen sie sich nach außen legitimieren, ihren Forderungen agitatorisch Ausdruck verleihen. Dazu benötigen sie das überzeugende Engagement ihrer Mitglieder. Es ist zuviel verlangt von einer Partei, sie solle ihre Mitglieder schulen, sie in die politische Arbeit einbeziehen und sie überdies vor jeder Repression schützen. Das intellektuelle Potential ist seit 1968 so groß geworden, daß es unmöglich ist, es in radikalen Parteien zu erfassen. Diejenigen, die bei Dir oder bei Marcuse Rat suchen, sind kaum bereit, sich von »oben« lenken zu lassen; sie sind allerdings sehr wohl bereit, politische Organisationen, sofern sie es für sinnvoll halten, von Fall zu Fall zu unterstützen.

MARCUSE Es sind in erster Linie Studenten, die mich um Rat fragen. Was in diesem Fall möglich erscheint, ist politische Erziehung, Aufklärung in Theorie und Praxis: von Individuum zu Individuum, von Gruppe zu Gruppe – Konkretisierung des Widerstands, der subversiven Phantasie, des Willens zur Veränderung. Das gilt nicht nur für Studenten, aber für sie in erster Linie.

PINKUS Ja, denn sie sind es, die später – als Physiker, als Bautechniker, als Psychologen, als Lehrer – den Betroffenen mit Argumenten und Erkenntnissen beispringen können ...

ROTHSCHILD Vergiß nicht, daß alle diese jungen Leute, wenn sie ins Berufsleben eintreten, mit ganz anderen Interessen und mit spezifischen Freiheitsbeschränkungen und Problemen konfrontiert werden ...

MARCUSE Das stimmt. Ich habe ein sehr schlechtes Gefühl bei unserer Diskussion der Frage »Was sollen wir tun?«

ROTHSCHILD Die Frage richtet sich eigentlich an uns selber: Was sollen *wir* tun?

MARCUSE So ist es.

ROTHSCHILD Ohne Mehrheit läßt sich nichts wirklich verändern. Davon bin ich überzeugt.

PINKUS Und diese Mehrheit wird sich nur bilden durch Mitwirkung in den Organisationen, vor allem in den Gewerkschaften, in gemeinschaftlicher Interessenvertretung.

ROTHSCHILD Aber das erfordert doch, den Zugang zu jenen zu finden, die heute die gesellschaftliche Ordnung tragen ...

MARCUSE Wir sollten uns hüten, uns einen Führungsanspruch anzumaßen. Die einzig wirklich revolutionäre Waffe ist wohl immer noch der Generalstreik – wenn die Leute sagen: »Ich habe die Nase voll.« Unter welchen Bedingungen würde die Masse derjenigen, die entfremdete Arbeit leisten, sagen: Wir wollen diese Arbeit nicht länger tun, sie kann von uns selber ganz anders und menschlicher organisiert werden? Die projektierte Bedingung wäre eine globale Krise des Kapitalismus, die die Machthaber zwingen würde, die Unterdrükkung zu verschärfen und den Lebensstandard zu senken. In dieser Situation wird das Bewußtsein zu einem entscheidenden Faktor: Bewußtsein von der Möglichkeit, daß es auch ohne lebenslange entfremdete Arbeit geht, ja, sogar besser geht.

SHEROVER Du machst Dir das Problem zu einfach.

MARCUSE Ich mache es mir durchaus nicht zu einfach. Meine These geht davon aus, daß in dieser Lage eine Organisation da sein muß, die die Niederlegung der Arbeit organisiert, dem Handeln eine Richtung gibt und dem Protest ein Ziel formuliert.

SHEROVER Du kommst immer wieder auf die Arbeit zurück. Ich finde, daß sich auch und vor allem die Beziehungen der Menschen zueinander ändern müssen.

MARCUSE Es ist tatsächlich nicht nur ein Problem der Arbeit oder Nichtarbeit. Aber die radikale Reduzierung der entfremdeten Arbeit würde ja einen Wandel der persönlichen Beziehungen einschließen.

SHEROVER Wieso?

MARCUSE Das ganze Wertsystem wäre ein anderes.

SHEROVER Nein.

PINKUS Diese Streikaktion oder dieser Widerstand durch Arbeitsverweigerung setzte jedenfalls eine ganz außerordentliche Bewußtseinsentwicklung bei der Bevölkerung voraus. Wie kommt sie zustande?

MARCUSE Was uns fehlt, sind konkrete, anschauliche Alternativen. Die Mehrheit der abhängig Arbeitenden z. B. in den USA kennt als Sozialismus nur das, was heute in der Sowjetunion und in deren Satellitenstaaten vorliegt. Und das wollen sie nicht, aus Gründen.

ROTHSCHILD Aber warum haben Millionen von italienischen Bürgern für die KPI gestimmt? Meine Antwort verweist wieder auf die Bedeutung von politischen Organisationen – nur sie haben jene Stringenz und innere Logik, die den Leuten Zuversicht gibt, Hoffnung macht. Warum? Hier liegen Erfahrungen vor mit praktischer Solidarität, nicht nur mit dem Begriff von ihr; Erfahrungen mit der Möglichkeit, eine kritische Position aufrechtzuerhalten, sie gemeinsam durchzuhalten.

PINKUS Ich stimme Dir zu. Aber das genügt offensichtlich nicht. Es müssen andere Impulse dazukommen, z. B. kleine alternative Projekte, Genossenschaften usw.

ROTHSCHILD Ich möchte, eher aus persönlichen Gründen, zum Abschluß eine Frage an Marcuse richten: Worauf stützen Sie Ihre politische Hoffnung?

MARCUSE Erstens auf die jeden Tag wachsende reale Möglichkeit einer vernünftigen menschlichen Gesellschaft. Zweitens auf die Ernte von 1968, d. h. auf eine radikale Umwertung der Werte, wie sie in jenen Jahren sichtbar geworden ist – radikale Umwertung der Werte nicht als Wille zur Macht, wie sie Nietzsche verstanden hat, sondern als Wille zum Leben oder, wie Freud formuliert hat, als eine verzweifelte Anstrengung des Eros, sich den Destruktionstrieb zu unterwerfen.

Revolution

Radikale Philosophie: die Frankfurter Schule

Gesprächsteilnehmer: Herbert Marcuse, Heinz Lubasz, Alfred Schmidt, Karl Popper, Ralf Dahrendorf, Rudi Dutschke

LUBASZ Die Frankfurter Schule bestand aus einer Handvoll marxistischer Intellektueller, die Negation, Negativität zu ihrem obersten Denkprinzip erhoben. Negation, das meint Opposition, Ablehnung, Verweigerung, Kritik. Und doch hatte diese Negativität paradoxerweise durchaus positive Resultate. Auf dem Höhepunkt des Kalten Krieges, in den fünfziger und frühen sechziger Jahren, bezog die Frankfurter Schule sowohl philosophisch als auch politisch Positionen, die sich gegen zwei Fronten richteten. Ihre Opposition und ihre Kritik galten sowohl der etablierten westlichen Ordnung als auch dem etablierten Gegenstück zu dieser Ordnung. Dergestalt trug man zur Herausbildung einer Neuen Linken bei, die weder mit dem bürgerlichen Kapitalismus noch mit dem bolschewistischen Sozialismus etwas gemein hatte. Gleichzeitig setzte man sich mit dem auseinander, was in der Sicht der Frankfurter Schule die offiziellen oder offiziösen Philosophien der beiden etablierten Ordnungen bildete: mit dem westlichen Positivismus und dem orthodoxen Marxismus. Der Angriff an dieser eher akademischen Front hatte ebenfalls Folgen: An den deutschen wie an den amerikanischen Universitäten empfingen die Sozialwissenschaften neue Impulse, die, wenn sie auch nicht gleich schulbildend waren, inzwischen ein wichtiges Konzept hervorgebracht haben: eine kritische Sozialwissenschaft auf dem Boden der Kritischen Theorie. Über die Zielsetzungen der Kritischen Theorie werden wir sogleich sprechen.

Um ein Bild der Frankfurter Schule geben zu können, habe ich mich an eine Reihe von Personen gewandt, deren Stellungnahme interessant zu sein verspricht. An erster Stelle steht Herbert Marcuse, neben Leo Löwenthal das einzige noch lebende Mitglied aus dem ›inneren Kreis‹ der Frankfurter Schule, den ich in Kalifornien besucht habe. Dann folgt Alfred

Schmidt, heute Philosophieprofessor an der Frankfurter Universität, der bei Max Horkheimer und Theodor W. Adorno studierte und mit beiden eng zusammenarbeitete; heute ist er Horkheimers literarischer Nachlaßverwalter. Um herauszufinden, welche Bedeutung die Frankfurter Schule für die linke deutsche Studentenbewegung in den sechziger Jahren hatte, habe ich Rudi Dutschke aufgesucht und befragt, der heute in Dänemark lebt. Da ich aber auch kritische Positionen darstellen wollte, habe ich den Soziologen Ralf Dahrendorf zu unserem Thema gehört und ein Statement des Philosophen Karl Popper aufgenommen.

Was war die Frankfurter Schule und womit hat sie angefangen? Sie begann als Teil des Instituts für Sozialforschung, das im Jahre 1922 auf Initiative von Felix Weil, einem jungen und reichen jüdischen Wissenschaftler mit starker Bindung an den marxistischen Radikalismus, gegründet worden war. Von Beginn an war das Institut eng mit der Frankfurter Universität verbunden. Unter seinem ersten Direktor Carl Grünberg widmete es sich der Sammlung empirischer Daten über die Arbeiterbewegung, der Erforschung der Marxschen Theorie und der Veröffentlichung von Studien zu sozialen Problemen. Solange die Organisationen der Arbeiterbewegung existierten, schien die marxistische Theorie bedeutsam, folgenreich und praxisbezogen zu sein.

Zu jener Zeit und auch später gehörte eine ganze Reihe von Gelehrten zum Institut oder arbeitete jedenfalls eng mit ihm zusammen: Karl Wittfogel, Franz L. Neumann, Erich Fromm, Franz Borkenau, Walter Benjamin, um nur einige wenige zu nennen. Unter seinem zweiten Direktor, dem Philosophen Max Horkheimer, änderte sich die Lage drastisch: 1930, als Horkheimer das Direktorat übernahm, wandelten sich die demokratischen Strukturen der Weimarer Republik; es kam zur Bildung des Präsidialkabinetts unter dem Kanzler Brüning, während zur gleichen Zeit die Nationalsozialisten zu einer machtvollen Bewegung in der deutschen Politik avancierten. Vier Jahre später, nach der Machtübernahme durch die Nazis, war klar, daß es der deutschen Arbeiterklasse und ihren Parteien weder gelungen war, in Deutschland den Sozialismus durchzusetzen, noch Hitlers Aufstieg zu stoppen. Möglicherweise haben sie zu Hitlers

Erfolg sogar beigetragen. Im Jahre 1934 waren die meisten Mitglieder und Mitarbeiter des Instituts, hauptsächlich Juden und/oder Marxisten, bereits emigriert. Um diese Zeit entstand am Institut eine empirische Studie über die Bewußtseinslage der deutschen Arbeiterklasse.

Diese Studie markiert einen doppelten Abschied: einmal den Abschied des Instituts von Deutschland, sodann den von der hergebrachten marxistischen Theorie. Die deutsche Arbeiterklasse hatte Hitler nicht aufhalten können; die Intellektuellen sahen sich genötigt, ihre Bindung an die Arbeiterbewegung, vielleicht an die Arbeiterklasse überhaupt, neu zu bedenken oder sie zu lockern. Infolgedessen verlagerte sich der Forschungsschwerpunkt des Instituts von der Beschäftigung mit Problemen der Arbeiterklasse auf die Analyse des Faschismus. Ich vermute freilich, daß Marcuse bei seiner Erklärung, wie es zu dieser Veränderung des Forschungsinteresses kam, retrospektiv eine Deutung nachschiebt.

MARCUSE Horkheimer und dann auch wir anderen wußten schon seit den zwanziger Jahren, daß Deutschland in ein faschistisches Regime treiben und daß weder die deutsche Arbeiterklasse noch irgend jemand sonst in der Lage sein würde, dem Ansturm des Faschismus zu widerstehen. Was deshalb auf den ersten Blick wie Zurückweichen aussehen mochte, war in Wahrheit Ausdruck einer Notwendigkeit und der Einsicht in sie: die marxistische Theorie weiterzuentwikkeln und sie daraufhin zu prüfen, ob sie fähig war, den Faschismus in allen seinen Ausformungen zu begreifen, und zwar nicht bloß als etwas Akzidentelles, das sich in Deutschland, Italien, Spanien usw. abspielte; der Faschismus mußte begriffen werden als ein entscheidendes Stadium des Kapitalismus in seiner Spätphase.

LUBASZ Abgeschnitten von den konkreten Aktivitäten der deutschen Arbeiterklasse, gerieten die Theorien, die im Institut entwickelt wurden, in die Gefahr, den Kontakt mit den realen geschichtlichen Prozessen zu verlieren. Rudi Dutschkes Rückblick auf jene Jahre macht deutlich, daß die Mitglieder des Instituts energisch an den theoretischen Aufgaben festhielten. Sie arbeiteten an einem Marxismus-Konzept, das Widerstand gegen die sterilen und apologetischen Erklärungen der Komintern signalisierte und eine Alternative dazu enthielt.

DUTSCHKE Ich bin sicher, daß der Frankfurter Schule eine historische Rolle insofern zukam, als sie die Theorietradition lebendig hielt. Ich meine die Tradition der deutschen linken Intellektuellen und, last not least, die Tradition der emanzipatorischen Tendenzen der deutschen Arbeiterklasse.

LUBASZ Auf jeden Fall waren die Jahre des Exils intellektuell sehr fruchtbare Jahre für das Institut, das nach 1934 an der Columbia University in New York eine neue Heimstätte gefunden hatte. Damals begann man am Institut, sich mit Fragen und Methoden empirischer Sozialforschung zu beschäftigen. Wie kam es dazu?

MARCUSE Dieser Trend wurde endgültig ausgelöst durch die Verlagerung des Instituts nach New York und hatte seine Hauptursache, vor allem bei Max Horkheimer, in dem Wunsch, Anschluß an die in den USA geführten intellektuellen Diskussionen zu finden. Die deutliche empirische Orientierung der amerikanischen Sozialwissenschaft inaugurierte und beflügelte das Interesse an empirischer Forschung.

LUBASZ Die Folge davon waren empirische, halbempirische und ebenso theoretische Untersuchungen in bemerkenswerter Vielfalt: Studien über »Autorität und Familie«, über den Faschismus, über die »autoritäre Persönlichkeit«, über Massenkultur und eine ganze Reihe von philosophischen Gegenständen.

In eben jenen Jahren begründeten und entwickelten die wichtigsten Mitglieder des Instituts, namentlich Horkheimer, Adorno und Marcuse, ihre zentrale und spezifische Konzeption: die Kritische Theorie. Was ist mit dem Begriff »Kritische Theorie« gemeint?

MARCUSE Wenn ich mich recht erinnere, wurde der Begriff von den Mitgliedern des Instituts zu dem Zweck benutzt, die traditionelle marxistische Theorie kritisch zu prüfen, ihre Tragfähigkeit und Reichweite zu untersuchen, eine Anstrengung, die angesichts der strukturellen Veränderungen des kapitalistischen Systems für unerläßlich erachtet wurde. Der Begriff bezeichnet die Wendung der analytischen Arbeit von der ökonomischen Sphäre hin zur gesellschaftlichen Totalität. Wir waren der Meinung, daß es in dieser Entwicklungsphase nicht eine einzige gesellschaftliche Dimension, ob materiell oder geistig, gab, die nicht unter dem Einfluß der herrschenden Klasse und ihrer politischen und kulturellen Strategien stand.

LUBASZ Aber hieß das nicht, auf die ökonomische Analyse zu verzichten?

MARCUSE Wenn Sie damit sagen wollen, daß die mehr technischen Probleme der Ökonomie in den Hintergrund gedrängt wurden, dann trifft das zu. Aber es bedeutete nicht, daß die Analyse der grundlegenden ökonomischen Strukturen aufgegeben wurde. Sie wurde nun zu einem Bestandteil der Analyse der Gesellschaft als ganzer.

LUBASZ Was zeichnet diese Gesellschaftsanalyse vor anderen Vorstellungen und Verfahren aus? Anders als der traditionelle Typus von Theorie – namentlich die herkömmliche Philosophie – insistiert die Kritische Theorie auf dem aktiven Eingreifen, auf der gesellschaftlichen Praxis, die selber ein Moment der Theorie ist, und auf dem wesentlichen Zusammenhang aller Elemente der Wirklichkeit. Sie behauptet, daß die objektivistischen Philosophien einerseits deshalb falsch seien, weil sie unterstellen, daß der Theoretiker bzw. das interpretierende Subjekt unbeteiligter Beobachter der objektiven Realität sei, die »außerhalb« des Subjekts existiert, und andererseits deshalb, weil diese Philosophien isolierte Daten ohne angemessenen Bezug zur Totalität, von der sie doch einen Teil bilden, interpretierten. Im Gegenzug zu dieser objektivistischen Sicht reklamiert die Kritische Theorie, daß die Beziehung zwischen dem Theoretiker und der Welt eingreifend und reziprok ist, daß es sich hier, mit anderen Worten, um eine dialektische Beziehung handelt. Die Menschen können die Gesellschaft erkennen, aber sie konstituieren auch diese Gesellschaft, die sie erkennen. Oder um es in der Sprache Hegels auszudrücken, zu dem die Frankfurter Schule möglicherweise sogar ein engeres Verhältnis als zu Marx hatte: Der Mensch als soziales Wesen ist zugleich Subjekt und Objekt, der Erkennende und das Erkannte. Solche Einheit von Subjekt und Objekt konstituiert die Totalität des Menschen und seiner Welt, woraus folgt, daß, was immer man beobachtet, was immer man prüft oder interpretiert, im Zusammenhang jener Totalität und nicht isoliert gesehen werden muß.

Im Rahmen dieser Theorie führte die Frankfurter Schule die

Auseinandersetzung mit den beiden Hauptströmungen des zeitgenössischen Objektivismus. Zuerst und vor allem beschäftigte sie sich mit dem szientifisch und dogmatisch verkommenen Marxismus der Stalinära. Der orthodoxe Historische Materialismus wurde attackiert, weil er unterstellt, es gebe strikte und objektive Gesetze der historischen Entwicklung und es seien eben diese objektiven Gesetze, die das Schicksal der Menschheit bestimmten. Gleichzeitig bezog die Frankfurter Schule Stellung gegen den westlichen Positivismus, und zwar mit durchaus ähnlicher Stoßrichtung. Sie verwarf die These des wissenschaftlichen Positivismus, insbesondere in der Soziologie, daß es strenge und objektive Gesetze der Gesellschaft, des sozialen und politischen Verhaltens gebe. Die Kritische Theorie bekämpfte den philosophischen Positivismus aber auch deshalb, weil er die aktive, kritische Rolle der Vernunft zugunsten einer bloß passiven, analytischen Rolle leugnet. Insgesamt fiel die Kritik am Objektivismus des westlichen Positivismus nicht weniger hart aus als die am stalinistischen Objektivismus.

Was immer sonst die Kritische Theorie gewesen sein mag – ganz gewiß war sie ein mächtiger Protest gegen die Tyrannei eines einfältigen Szientismus: gegen einen marxistischen Szientismus, der die Menschen unter das Joch der Zukunft zwang, und gegen den positivistischen Szientismus, der sie in das Joch der Gegenwart preßte.

Doch die Kritische Theorie war mehr als bloß protestierende Negation. In der Sicht der Frankfurter Schule verändert Theorie, sofern sie kritisch ist, die Welt, und sie bestätigt den Status quo, sofern sie unkritisch ist. Wenn die Menschen sich von unkritischen, positivistischen Theorien leiten lassen, werden sie, weil solche Theorien die Welt in ihrem Zustand bloß bestätigen, die Möglichkeit, vielleicht sogar die Notwendigkeit verfehlen, die Welt zu verändern. Je mehr freilich Horkheimer, Adorno und Marcuse sich mit Problemen der Massengesellschaft beschäftigten, desto stärkere Anleihen machten sie bei Freud, indem sie, wie ich glaube, eine Art Synthese von Marx und Freud versuchten. Ist diese Vermutung zutreffend?

MARCUSE Ich muß die Formel »Marx und Freud«, die beide zusammenwirft, zurückweisen. Es hat niemals eine solche Absicht, eine solche Formel gegeben, weder bei mir noch, glaube ich, bei Adorno und Horkheimer. Allerdings fanden wir in Freuds Theorie Begriffe und Hypothesen, die, wenn Sie so wollen, eine klare innere Beziehung zur Marxschen Theorie hatten; es war Freud und Freud allein, der enthüllte, in welchem Ausmaß die repressive Gesellschaft von den Individuen selbst unbewußt introjiziert und reproduziert wird. Dies ist ein Sachverhalt, der von Marx und Engels überhaupt nicht wahrgenommen und untersucht worden ist; heute erkennen wir, daß er vielleicht der wichtigste ist. Denn der gegenwärtige Kapitalismus reproduziert sich zunehmend über die Introjektion seiner Bedürfnisse und deren Befriedigungsmöglichkeiten durch die Individuen selber, die ihn zu ihrem eigenen Bedürfnis machen und die Gesellschaft, die sie unterdrückt, auf diese Weise reproduzieren. Eben auf diese Erkenntnis stieß ich in Freuds Werk, und vor allem ihretwegen halte ich dafür, daß die Freudsche Theorie eine hochgradig politische und radikale Theorie ist und als eine solche auch wirkt, solange man nicht ihre radikalsten Begriffe – etwa den der beiden Grundtriebe Eros und Thanatos – entschärft.

LUBASZ Man kann also sagen, die Kritische Theorie hatte ein deutliches Interesse an der Veränderung der Welt, an der Herstellung von mehr Freiheit, mehr Autonomie, oder in den Worten von Jürgen Habermas, dem wohl brillantesten Schüler der Frankfurter Schule: die Kritische Theorie war motiviert durch ein »emanzipatorisches Interesse«. Folgerichtig unterschied sie streng zwischen materiellen und intellektuellen Aktivitäten zur Aufrechterhaltung des Status quo und solchen, die den Zwangszusammenhang des Bestehenden in Frage stellen. Man erkennt unschwer, daß diese Bestimmung des Verhältnisses von Theorie und Praxis eine verdünnte Version der Marxschen Gedanken ist. Und in der Tat stand das Institut in seiner frühen Phase der marxistischen Auffassung nahe, es sei die Aufgabe der Theorie, der marxistischen Theorie, das Bewußtsein des Proletariats zu entwickeln und zu schärfen, um seinen revolutionären und transformatorischen Handlungen eine Richtung zu geben, während die proletarische Praxis die Theorie bestätige und in geschichtliches Handeln umsetze, das heißt: sie tatsächlich bestätige, indem sie sie in Praxis übersetze.

Freilich, und dies ist ein außerordentlich schwieriger Punkt, hatten die aktuelle Politik der Sowjetunion und das Unvermögen des deutschen Proletariats, den Aufstieg des Faschismus zu stoppen, das Vertrauen der Institutsmitglieder in die Arbeiterklasse und ihre revolutionär-transformative Praxis erschüttert. Dieser Vertrauensschwund stürzte das Institut und die Kritische Theorie in ein Dilemma, aus dem es zunächst keinen Ausweg gab: Denn wenn man sich nicht mehr auf die gesellschaftsverändernde Kraft der Arbeiterklasse verlassen kann und wenn die Bourgeoisie, gewissermaßen per definitionem, das Fortbestehen des Systems garantiert, dann existiert in einer Gesellschaftsformation, die wesentlich aus Bourgeoisie und Proletariat besteht, nicht mehr die kleinste konkrete Chance für emanzipatorische Praxis, für Befreiung, für gesellschaftliche Transformation in Richtung auf Freiheit und lebendige menschliche Autonomie.

Es gab nun zwei Wege, um aus diesem Dilemma herauszukommen. Den ersten Weg schlugen Horkheimer und Adorno ein, den zweiten beschritt Marcuse. Horkheimer und Adorno kehrten der gesellschaftlichen und politischen Praxis den Rükken und konzentrierten sich auf die Ausarbeitung und Verfeinerung der Theorie. Im Jahre 1947 erschien ihr gemeinsames Werk *Dialektik der Aufklärung*; 1950 gingen sie nach Frankfurt zurück, eröffneten das Institut wieder an seinem alten Ort und nahmen erneut die Lehrtätigkeit auf, der eine als Philosoph, der andere als Soziologe.

Die große Konfrontation der eher praxisorientierten Vergangenheit der Frankfurter Schule mit ihrer vorwiegend akademisch orientierten Gegenwart fand in den sechziger Jahren statt. Die Neue Linke Westdeutschlands, die ihre theoretischen Anstöße zum Teil von den frühen Arbeiten des Instituts für Sozialforschung empfangen hatte, ging wie selbstverständlich davon aus, daß Horkheimer, inzwischen Rektor der Universität, und Adorno, Kodirektor am Institut, immer noch radikale Position verträten. Die politisierte Frankfurter Studentenschaft fühlte sich von ihren Lehrern bitter enttäuscht, Horkheimer und Adorno wandten sich verstört von der Neuen Linken ab. Es kam zu peinlichen Vorfällen. Alfred Schmidt hat jene Zeit in Frankfurt miterlebt. Was geschah damals?

SCHMIDT Die Studenten glaubten in dieser Situation, die

Begründer der Kritischen Theorie dazu zwingen zu müssen, allgemeine Einsichten in die Struktur der bürgerlichen Gesellschaft unmittelbar und sofort auf die gegebene universitäre Lage anzuwenden, was natürlich unmöglich war. Die Studenten reflektierten nicht genügend den Status von Theorie in einer bestimmten historischen Situation, sie verlangten einfach zu viel von ihr und waren daher außerordentlich enttäuscht, als sich Adorno nicht in der Lage sah, sie zu unterstützen. Was sie wollten, war eine direkte Anweisung auf Praxis. Es gab damals, wie Sie schon erwähnten, einige unglückselige Vorfälle, zum Beispiel den, daß drei junge Frauen – ich weiß gar nicht, ob sie überhaupt dem SDS angehörten – in einer Vorlesung Adornos ihre Brüste entblößten und versuchten, ihn zu »verunsichern«, wie man das im Jargon damals nannte. Adorno, der niemals ein strenger Moralapostel gewesen war, vermochte nicht, die Situation zu retten. Er, der während der fünfziger Jahre als einer der radikalsten Denker galt, war nun plötzlich gewissermaßen nicht mehr in Mode. Es gibt historische Phasen, in denen robuste Handlungen mehr vermögen als subtile Ideen. Es war dies, warum Adorno zögerte; er hatte nie viel übrig für eine »Do-it-your-self«-Ideologie.

LUBASZ Von jenem Zeitpunkt an blieb die Kritische Theorie, vor allem in Deutschland, ein akademisches Unternehmen. Man muß allerdings sogleich hinzufügen, daß sie, besonders in den Arbeiten von Jürgen Habermas, weiterhin ein akademisches Unternehmen von großem Interesse und von hoher Bedeutung für die Sozialwissenschaften ist. In der Tat geht ja die Auseinandersetzung der Kritischen Theorie mit dem Empirismus weiter. Ihren Höhepunkt fand diese Kontroverse 1961 in einem direkten Schlagabtausch zwischen Adorno und Popper, der nicht ohne eine gewisse Ironie war. Herr Dahrendorf, wie kam es zu dieser Konfrontation?

DAHRENDORF In mancher Hinsicht bin ich verantwortlich für diese Konfrontation, weil ich zu jener Zeit Professor an der Universität Tübingen war und Adorno und Popper nach Tübingen eingeladen hatte, um dort ihre Kontroverse auszutragen. Damals hatten wir in Deutschland die empirische Sozialforschung gerade entdeckt. Zum Teil waren wir auf sie aufmerksam geworden durch jene empirischen Untersuchungen, die Adorno und andere in den Vereinigten Staaten durchgeführt hatten, und jetzt waren diese Leute in Frankfurt, namentlich Adorno, den man wirklich als das Herz der Frankfurter Schule bezeichnen kann. In Deutschland kämpfte Adorno gegen die empirisch orientierten Sozialwissenschaften, wo immer sich ihm eine Gelegenheit dazu bot, und er stellte tatsächlich die Behauptung auf, daß empirische Sozialwissenschaft gar nicht möglich sei. Ich war der Meinung, daß das ein Konflikt sei, den man erörtern müsse, anstatt ihn vor sich her zu schieben und damit zur Gründung von Cliquen Gleichgesinnter beizutragen.

LUBASZ Es erwies sich, daß diese Konfliktlösungsstrategie keineswegs erfolgreich war. Sie führte weder dazu, der Frankfurter Schule den Empirismus nahezubringen, noch dazu, Karl Poppers Verachtung für die Kritische Theorie und im besonderen für Adorno zu mindern.

Wie stellt sich dieser Dissens Karl Popper heute dar?

POPPER Meine Einstellung gegenüber der Frankfurter Schule, es tut mir leid, ist völlig negativ. Ich konnte die Frankfurter Schule noch nie ernstnehmen. Zwar wußte ich, daß sie einflußreich war; aber das ist Billy Graham ja auch. Ich fühle mich auch gar nicht dazu berufen, Billy Graham zu kritisieren. Vor einigen Jahren freilich geriet ich in eine Debatte mit Adorno. 1961 fand ein Kongreß in Tübingen statt, zu dem ich eingeladen worden war. Man hatte mich gebeten, die Diskussion zu eröffnen; und man hatte mir gesagt, daß Adorno der zweite Redner sein und auf meinen Diskussionsbeitrag antworten würde. Aus diesem Grund machte ich einen erneuten Anlauf, die Publikationen der Frankfurter Schule, speziell die Bücher Adornos, zu lesen. Ich kam zu dem Ergebnis, daß sie gänzlich abstrakt sind. Diese Sorte von Schriften hatte ich während meiner Wiener Zeit kennengelernt und entschieden abgelehnt. Ich halte sie für kulturellen Snobismus, vorgeführt von einer Gruppe, die sich selbst zur Kulturelite aufwirft und deren Gedanken durch gesellschaftliche Irrelevanz gekennzeichnet sind. Jene Gruppe verstand sich selber als marxistisch, und sie hatte ja auch marxistisch begonnen. Konsequent glaubten diese Leute an historische Prophetie. Aber nach Hitlers Machtergreifung in Deutschland verwandelten sie sich, wie manche andere auch, in enttäuschte Marxisten. Zwar betrachteten sie auch jetzt noch die historische Prophetie als Kern der Sozialtheorie; aber sie verzweifelten an der Zukunft. Sie verzweifelten an der Menschheit. Sie verwarfen das marxistische Erlösungsevangelium. Aber niemals haben sie Marx' Theorie rational kritisiert. Die sogenannte Kritische Theorie ist ohne Inhalte, sie liefert keine systematische Kritik. Man hört nur Klagen oder dunkle Kassandra-Rufe über die schlechten Zeiten, in denen wir leben, und über die Verkommenheit der bürgerlichen Kultur. Diese Leute sind freilich selbst typische Geschöpfe eben dieser bourgeoisen Kultur oder, genauer gesagt, der philosophischen Tradition des sogenannten deutschen Idealismus, das heißt des Hegelianismus.

Marx selber ist in dieser Tradition aufgewachsen, aber er hat sie immer heftig bekämpft; im *Kapital* hat er dazu und zur hegelianischen Dialektik eine Bemerkung gemacht, die ich immer sehr bewundert habe. Marx schreibt dort: »In ihrer mystifizierten Form ward die Dialektik deutsche Mode.« Auch heute noch ist die Dialektik herrschende Mode in Deutschland; und sie ist es »in ihrer mystifizierten Form«. Was Marx betrifft, so habe ich vor ihm als Denker und als Kämpfer für eine bessere Welt großen Respekt, obwohl ich natürlich in vielen und entscheidenden Punkten überhaupt nicht mit ihm übereinstimme. Marx ist bestimmt nicht leicht zu verstehen, doch er hat sich immer um Verständlichkeit bemüht. Denn er hatte etwas zu sagen. Deshalb wollte er auch von den Leuten verstanden werden. Was freilich Adorno angeht, so kann ich seine Philosophie weder gutheißen noch nicht gutheißen. Obwohl ich mich redlich bemüht habe, sein Philosophieren zu verstehen, kommt es mir so vor, als sei es insgesamt oder nahezu insgesamt nichts als Rhetorik. Es scheint, daß er nichts zu sagen hat und daß er dies in Hegelscher Sprache sagt. Adorno ist bewußt gegen Klarheit des Ausdrucks. An einer Stelle merkt er sogar beifällig an, daß der deutsche Philosoph Max Scheler »mehr Dunkelheit« gefordert habe – eine Anspielung auf die letzten Worte von Goethe, der nach »mehr Licht« verlangte. Es ist schwer zu begreifen, daß ein Marxist wie Adorno den Ruf nach »mehr Dunkelheit« unterstützen konnte. Marx war zweifellos für Aufklärung. Adorno jedoch hat zusammen mit Horkheimer ein Buch unter dem Titel *Dialektik der Aufklärung* geschrieben, in dem zu zeigen versucht wird, daß die Idee der Aufklärung, dank ihrer inneren Widersprüche, in die Finsternis führe, in eine Finsternis, in der wir uns angeblich heute befinden. Alles in allem betrachte ich, um eine Wendung von Raymond Aron zu gebrauchen, die Schriften der Frankfurter Schule als »Opium für Intellektuelle«.

LUBASZ Ob »Opium für Intellektuelle« oder nicht – das sei einmal dahingestellt. Jedenfalls liegt der philosophische Akzent der Kritischen Theorie sehr stark auf jener Orientierung, die die deutsche Gesellschaftstheorie vor dem Krieg hatte, und auf der Linie der Tradition des deutschen Idealismus. So gesehen war die Rückkehr aus dem Exil eine wirkliche Heimkehr.

Doch nicht alle Mitglieder des Instituts kamen nach Deutschland zurück. Auch Herbert Marcuse blieb in den USA, obwohl seine Arbeiten der grundlegenden theoretischen Prämissen wegen weiterhin der Frankfurter Schule zugehörten. Was Marcuse nach 1950 von Horkheimer und Adorno trennte, war die Tatsache, daß er die praktische Beschäftigung mit Politik und Gesellschaft, insbesondere mit den Möglichkeiten radikaler Veränderung – für ihn das entscheidende Problem – wiederaufnahm. Nicht daß er eine konsistente Position entwickelt hätte: mehr als einmal schwankte er zwischen völligem Pessimismus und stoischem Optimismus. In seinem Buch *Der eindimensionale Mensch*, das 1964 erschienen ist, gibt es keinen Platz mehr für die Hoffnung auf transformatorische, radikale, befreiende Praxis. Dieses Buch zeichnet das Bild eines Zustands, in dem die Menschen so vollständig in das System integriert, so tiefgreifend von ihm manipuliert sind, daß sie als ihre wesentlichen Bedürfnisse nur noch jene wahrzunehmen vermögen, die das System faktisch befriedigen kann: Konsumbedürfnisse in einem System, das durch die Produktion von Waren in Betrieb gehalten wird. Doch im Jahre 1969, in seinem Buch *Versuch über die Befreiung*, sah Marcuse die Dinge anders, ganz anders: Studenten, Hippies, »drop-outs«, die amerikanischen Schwarzen und die Dritte Welt bildeten in seinen Augen »aktuell oder potentiell« ein machtvolles Befreiungs- und Praxispotential für das, was die Vernunft schon immer als Notwendigkeit vorgestellt hatte. Marcuse hatte ein Surrogat für die noch schlafende

Arbeiterklasse entdeckt, jedenfalls erschien es vielen seiner Leser so. Tatsächlich war es vor allem Marcuses Analyse des revolutionären Potentials, das er, darin einer bestimmten Richtung der französischen Soziologie folgend, »die Neue Arbeiterklasse« taufte, die seinen Schriften in den Augen vieler junger Radikaler jene politische Brisanz verlieh, die man in den Büchern Horkheimers und Adornos gerade vermißte. Diese »Neue Arbeiterklasse« setzte sich aus den Ingenieuren, den Naturwissenschaftlern und den Spezialisten des Kommunikationssystems, also aus dem Personal der »technologischen Infrastruktur« zusammen, das für das Funktionieren einer technologisch avancierten Gesellschaft unerläßlich ist. Und diese »Neue Arbeiterklasse« wurde in den Schulen und Universitäten der fortgeschrittenen Industriegesellschaften herangebildet. Folglich konnte man die Studenten als künftige Mitglieder der »Neuen Arbeiterklasse« betrachten bzw. konnten sich die Studenten selbst als solche betrachten, d. h. als Teil jenes Proletariats, das die Marxisten zu allen Zeiten als den realen Agenten des radikalen Umsturzes bezeichnet hatten.

Zu diesem Thema, zu der wichtigen Rolle, die die Frankfurter Schule, besonders Marcuse, bei der Herausbildung der Neuen Linken in Westdeutschland spielte, kann Rudi Dutschke einiges sagen. Selbstverständlich spricht er nicht für die westdeutsche Linke als ganze. Er und seine ihm nahestehenden Genossen hatten eine besondere Perspektive, weil sie aus der DDR nach West-Berlin gekommen waren.

DUTSCHKE Die Gruppe, zu der ich gehörte, eben weil wir aus der DDR kamen, hatte nach dem Wechsel nach Westdeutschland ein Interesse daran, eine historische Erklärung für die Niederlage der Arbeiterklasse in unserem Land, in der DDR, zu finden.

LUBASZ Sie meinen also, daß die Arbeiterklasse schon damals in Ostdeutschland eine Niederlage erlitten hatte?

DUTSCHKE Ja. Ausgangspunkt unseres Denkens war die Niederlage, die der Stalinismus für die Arbeiterklasse heraufbeschworen hatte. Dies war unsere grundsätzliche politische Annahme. Deshalb habe ich mich selbst und haben andere Radikale sich sehr gründlich mit der Geschichte der Arbeiterbewegung beschäftigt. Im Zusammenhang damit erörterten und reflektierten wir die Diskussionen, die von der Frankfurter Schule geführt wurden, speziell von Herbert Marcuse, der in den sechziger Jahren der einzige bedeutende politische Theoretiker war.

LUBASZ Was war es, das Sie an Marcuse besonders interessierte?

DUTSCHKE Vor allem sein Buch *Die Gesellschaftslehre des sowjetischen Marxismus*, das für uns sehr wertvoll wurde für die kritische Einschätzung der Sowjetunion, und zwar von einem ganz neuen Standpunkt aus, weder vom Standpunkt des Trotzkismus noch von dem der Komintern . . .

LUBASZ Marcuses Buch über den Sowjetmarxismus hatte bei den politisierten Studenten tiefe Spuren hinterlassen. Sie forderten Marcuse auf, nach Berlin zu kommen, um mit ihnen aktuelle Probleme zu diskutieren. Ist das richtig dargestellt?

DUTSCHKE Ja. Wir luden Marcuse ein, weil wir in seinem Denken eine internationalistische Dimension entdeckten, eine Dimension, die es weder in den deformierten sozialistischen Ländern gab noch in einer der westlichen sozialistischen oder kommunistischen Gruppierungen. Dies war der Grund, ihn zu Diskussionen über die Widersprüche in den hochentwikkelten kapitalistischen Ländern zu bitten. Es gibt da fundamentale Probleme, zum Beispiel, wie dieses System es schafft, alle politischen Formen des Widerstandes zu zerstören oder zu neutralisieren. Welche Möglichkeiten gibt es, dieses System zu überwinden und eine sozialistische Alternative zu finden? Es war Herbert Marcuse und niemand sonst, der ernsthaft versuchte, über die Frage der gesellschaftlichen Emanzipation in unserer gegenwärtigen historischen Epoche nachzudenken. Seine Analysen und seine Gespräche mit uns in West-Berlin über Kuba, über China und die Sowjetunion, vor allem jedoch über die hochentwickelten kapitalistischen Länder, bereiteten den Boden für ein Denken, das die Unmittelbarkeit und den Rahmen rein studentischer Interessen sprengte.

LUBASZ Während die Studenten damals annahmen, sie seien Teil einer entstehenden »Neuen Arbeiterklasse« und deshalb im Marxschen Sinne potentielle Revolutionäre, sieht Ralf Dahrendorf die Bewegung in einem völlig anderen Licht. Würden Sie, Herr Dahrendorf, Ihre Auffassung näher erläutern?

DAHRENDORF Ich glaube wirklich, daß Marcuse einen großen Einfluß hatte auf die Anfänge einer Bewegung, die vielleicht zur Herausbildung einer neuen Klasse tendierte: einer Klasse, die sich aus Menschen zusammensetzt, die vorwiegend im Bildungssektor arbeiten, etwa Studenten oder Lehrer, oder in einem ähnlichen Bereich. Diese Leute leben nicht wirklich in der Arbeitswelt, sie sprechen von der Arbeiterklasse, ohne sie gefragt zu haben und ganz gewiß ohne das Einverständnis der Arbeitenden. Sie machen heute allenfalls zehn, zwölf oder vielleicht fünfzehn Prozent der Bevölkerung in Ländern wie Kalifornien oder der Bundesrepublik aus. Es sind gerade diese Gruppen, die besonders anfällig für eine bestimmte Sorte von utopischem Sozialismus sind, wie er gelegentlich von Vertretern der Frankfurter Schule verfochten worden ist.

LUBASZ Interessanterweise spricht Marcuse heute nicht mehr von den Studenten als einem neuen Proletariat. Heute entdeckt er ein Störpotential eher innerhalb der alten Arbeiterklasse selbst als in der neuen. Das vielleicht auffälligste Phänomen an dem Wechsel in Marcuses Positionen ist, daß er keineswegs von theorieimmanenten Entwicklungen der Kritischen Theorie selbst herrührt, sondern aus der Praxis. Der wichtigste Katalysator für Marcuses Sinneswandel war nicht so sehr eine neue theoretische Einsicht als vielmehr das Faktum der Pariser Mairevolte 1968. Noch 1941, in seinem Buch *Vernunft und Revolution*, hatte er ganz auf die Theorie als Statthalterin der Befreiung gesetzt, da es keine erkennbare revolutionäre, emanzipatorische Bewegung gab. »Praxis«, schrieb er damals, »folgt der Wahrheit, nicht umgekehrt.« Aber die Ereignisse gaben ihm nicht recht. Niemand, der den *Eindimensionalen Menschen* gelesen und die dort niedergelegten Erkenntnisse für stichhaltig befunden hatte, hätte sich träumen lassen, daß es in Frankreich zur Konfrontation kommen würde. Es waren praktische Verweigerung und der Ausbruch sinnlicher Bedürfnisse nach mehr Freiheit und sozialer Gerechtigkeit, die die Kritische Theorie widerlegten. Die Kritische Theorie, nicht zuletzt Marcuse, hatte also allen Grund, ihre Konzepte zu modifizieren.

Während Marcuse sich zunehmend um den Nachweis der Möglichkeiten radikaler Veränderung bemühte, beschäftigten sich Horkheimer und Adorno immer mehr mit der Analyse spezifisch bürgerlich-individualistischer Werte, die durch die Heraufkunft der Massengesellschaft bedroht waren. Ein Beispiel dafür ist Horkheimers veränderte Einschätzung des Marxismus. Herr Schmidt, wie erklären Sie sich diesen Wandel?

SCHMIDT Wenn Horkheimer in seinen letzten Lebensjahren außerordentlich skeptisch im Hinblick auf die Chancen rascher gesellschaftlicher Veränderungen war, so deshalb, weil er zu der Überzeugung gelangt war, daß im Zeitalter der totalen Verwaltung eine rasche und heftige Veränderung unweigerlich die Tendenz zu mehr Verwaltung und mehr Herrschaft hervorbringen würde. Er ging davon aus, daß das Zeitalter des bürgerlichen Individuums an sein Ende gelangt sei. Und in seinen Augen war die Marxsche Theorie ein wichtiger Bestandteil jener individualistischen Kultur, die zum Untergang verurteilt ist.

LUBASZ Das ist, wie ich glaube, eine merkwürdige Einschätzung des Marxismus, aber sie macht immerhin Adornos und Horkheimers Pessimismus begreiflich. Herr Dahrendorf, wie ist Ihre Meinung dazu?

DAHRENDORF In meinen Augen war Adorno ein moderner Kulturpessimist, sehr deutsch in seiner ganzen Art, sehr antiindustriell und antimodern eingestellt, ein Träumer von einer unkorrumpierten Welt.

LUBASZ Im Gegensatz dazu ist Marcuse ein intransigenter Optimist, ständig auf der Suche nach neuen sozialen Befreiungsbewegungen. Sein wesentliches Interesse ist nicht, revolutionären Prophetien auf die Spur zu kommen, sondern den geschichtlichen Chancen einer Revolution und dem tiefsitzenden menschlichen Bedürfnis nach einer »anderen Gesellschaft«. Läßt sich so, wenngleich zweifellos verkürzt, Ihr Interesse formulieren?

MARCUSE Wir können davon ausgehen und wir können es auch ganz gut beweisen, daß die Möglichkeiten von Befreiung und Freiheit heute realistischer sind als jemals zuvor, daß die Revolution des 20. oder 21. Jahrhunderts, sofern sie stattfindet, die radikalste und umfassendste Revolution in der Geschichte sein wird, daß sie den Menschen selbst verändern wird und daß wir verpflichtet sind, die Alternative zu formulieren und ihre realen Grundlagen zu erforschen. Allerdings wird, solange die Machtstruktur in diesem Land [den USA] und die Politik, die auf ihr beruht, bleiben, was und wie sie sind, also z. B. Vorherrschaft über einen großen Teil der Welt, die Chance einer Revolution, wo auch immer, gering sein. Diese Machtstruktur samt ihren Agenturen ist jederzeit in der Lage, einen revolutionären Impuls zu ersticken.

LUBASZ Aber es ist doch wohl nicht nur der planmäßige Gebrauch der Macht, der revolutionäre Veränderungen verhindert oder unterbindet?

MARCUSE Nein. Seit etwa 1968/69 kann man von einer neuen Phase intensivierter Repression in den fortgeschrittenen kapitalistischen Ländern sprechen, doch nicht nur in den kapitalistischen Ländern, sondern mehr noch in den Regionen der Dritten Welt. Was wir beobachten, ist die Rationalisierung des Irrationalen. Zu den ohnehin vorhandenen Mitteln und Möglichkeiten von Knebelung, von Apathisierung und Kontrollierung der Bevölkerung ist ein neues Moment hinzugetreten. Es ist in hohem Maße verknüpft mit dem Standard des technischen Fortschritts, mit der Computerisierung, mit der technischen Perfektionierung der Datensammlung und der Überwachung.

LUBASZ Man kann daraus wohl schließen, daß die Koexistenz von gestiegenen Befreiungschancen einerseits und wachsenden Repressionstendenzen andererseits das wesentliche Merkmal dessen ist, was Sie als den entscheidenden Widerspruch der Gegenwart ansehen?

MARCUSE In der Tat.

LUBASZ Ich sprach bereits von der Kritischen Theorie als von einem verdünnten Marxismus. In einem gewissen Sinne stimmt das. Aber sie ist zugleich ein erweiterter Marxismus, da sie ihre Aufmerksamkeit auf Phänomene, Bedürfnisse und Entwicklungen richtet, die mit der »Qualität des Lebens« und ihrer politischen Durchsetzung zusammenhängen. Herr Dahrendorf, wie beurteilen Sie den Einfluß der Frankfurter Schule und nicht zuletzt Marcuses Einfluß auf die deutsche Politik?

DAHRENDORF Es handelt sich um einen Beitrag, der in gewisser Weise mit einer eher dunklen Bemerkung von Marx in den *Pariser Manuskripten* zu tun hat. Marx schrieb dort, daß in der vollendeten kommunistischen Gesellschaft der Mensch zu sich selbst gekommen sein würde, daß das menschliche Auge dann zum erstenmal die Welt wahrnehmen und das menschliche Ohr zum erstenmal wirklich hören würde. Marx schreibt von der Abschaffung der Arbeitsteilung und von einem Menschen, der morgens Jäger ist, mittags Fischer und abends kritischer Kritiker. Diese Vorstellung von einem Menschen, der seine Fähigkeiten voll entfaltet, hat, wie ich meine, in politische Zielvorstellungen wie etwa die von der »Lebensqualität« Eingang gefunden, und in dieser Hinsicht hat die deutsche Sozialdemokratie tatsächlich einige Ideen von Marcuse aufgenommen, allerdings nicht die Theorie, die dahintersteht.

LUBASZ Es wäre zu früh für eine Prognose, in welcher Weise ein langfristiger Einfluß der Kritischen Theorie sich geltend machen wird. Doch was hat es mit dem langfristigen Einfluß von Marcuse auf sich? Ich vermute, daß es sein reflektierter und antiautoritärer Radikalismus ist, der Bestand haben wird. Rudi Dutschkes Einschätzung von Marcuses Weigerung, den jungen Radikalen Praxisanweisungen zu geben – ganz im Gegensatz zu dem Lenin des Jahres 1902 –, mag so etwas wie eine Anerkennung von Marcuses Einfluß darstellen.

DUTSCHKE Marcuse hat niemals versucht, ein »Handbuch« wie etwa Lenin mit *Was tun?* zu schreiben, Anleitungen zum Handeln zu geben. Das haben wir verstanden. Er hat analysiert und gedacht. Es ist unsere Aufgabe, die Antwort auf die Frage: »Was tun?« zu finden. Ein wesentliches Element der gesellschaftlichen Emanzipation der Arbeiterklasse besteht darin, daß diese Klasse lernt, ihre Emanzipation selber zu betreiben und zu verwirklichen. Wir brauchen keine Partei, die stellvertretend für die Arbeiterklasse denkt, hofft, agiert, und wir brauchen keinen starken Mann, der dies anstelle oder mittels einer Partei tut.

LUBASZ Ich möchte dieses Gespräch zusammenfassen, indem ich anzugeben versuche, worin meines Erachtens der reale und positive Beitrag der Frankfurter Schule besteht. Indem sie eine Position zwischen den beiden großen Ordnungssystemen und gegen sie bezog, indem sie negativ und kritisch blieb, hat sie etwas geschaffen und erkämpft, was in Zeiten blinder Parteinahme überaus bedeutsam ist: einen Spielraum zum Denken und Nachdenken, zur Überprüfung von Bindungen, zur Klärung von Zielvorstellungen, zur Kritik der etablierten

Ordnung. Die Kritische Theorie ist entstanden in einer Welt, die in zwei völlig gegensätzliche Lager geschieden ist, deren »oberste Werte« jedoch einander bemerkenswert gleichen: industrielles Wachstum und technologische Effizienz, ausgerichtet auf die Produktion und die Konsumtion von immer mehr Waren. Die Folgen davon sind die Formierung der Massengesellschaft und eine zunehmende Beherrschung der Menschen durch dieses System, in dem sie leben. Die Kritische Theorie erhebt Einspruch gegen den Primat der Warenproduktion, gegen sinnlose Herrschaft, gegen Unvernunft, gegen Manipulation, gegen Unterdrückung. Was immer sonst man über die Frankfurter Schule sagen mag, eines scheint gewiß: Sie hat das kritische politische Denken unserer Zeit inspiriert. Sie ist ein Beispiel radikaler Philosophie.

Aus dem Englischen übersetzt von Hans-Martin Lohmann

»So sieht in der bürgerlichen Gesellschaft der Fortschritt aus ...«

Gesprächsteilnehmer: Herbert Marcuse und Hans Christoph Buch

MARCUSE Also, abstrakt kann man den Satz: »Der Zweck heiligt die Mittel« (oder soll nicht die Mittel heiligen), nicht nehmen.

BUCH Aber es kommt auch darauf an, welche Art von Gewalt im Spiel ist. Nicht jede Art von Gewalt ...

MARCUSE Genau das wollen wir jetzt diskutieren. Was ist der Unterschied zwischen in Sachen des Sozialismus berechtigter, sogar notwendiger Gewalt und Terror oder Mord. Das sollte das Thema sein.

BUCH Es kommt also darauf an, zu klären, welcher Zweck welche Mittel heiligen soll.

MARCUSE Der Zweck ist klar: der Übergang zum Sozialismus.

BUCH Ja, aber das ist noch sehr abstrakt. Es kommt auf die konkreten Schritte an, sonst könnte man ja auch den Mord an Schleyer als notwendigen Schritt zum Sozialismus rechtfertigen.

MARCUSE Nein, das kann man nicht, denn da kann man beweisen, daß die Abwesenheit von Herrn Schleyer am kapitalistischen System überhaupt nichts ändert. Das ist allerdings eine rein pragmatische Beweisführung, sie genügt nicht.

BUCH Ich glaube, das ist eben das Problem, daß der Marxismus bisher nur diese pragmatische Antwort gibt und immer nur nach den historischen Bedingungen fragt. Das läuft auf ein rein taktisches Verhalten hinaus. Es gibt, aus historischen Gründen, keine ausgearbeitete Ethik – kann es vielleicht auch gar nicht geben – im Marxismus, die klare Grenzen zieht, welche Mittel durch welche Zwecke gerechtfertigt werden können und welche nicht.

MARCUSE Kann es nicht geben, aber wir können es ja mal versuchen mit der Umkehrung. Also, kann man sagen, daß im Kampf für den Sozialismus bestimmte Arten der Gewaltanwendung tabu sind? Und, wenn man das sagen kann, welche?

BUCH Das kann man sicher sagen.

MARCUSE Kann man sagen, daß die Tötung von Unschuldigen tabu ist?

BUCH Es gibt immer Unschuldige.

MARCUSE Das ist es eben.

BUCH Jeder Krieg, auch jeder Bürgerkrieg und jede Revolution werden auf dem Rücken von Unschuldigen ausgetragen. Pontecorvos Film *Die Schlacht von Algier* zeigt sehr deutlich, wie grausam und brutal selbst ein gerechter Kampf ist, wie viele unschuldige Opfer er fordert. Da sollte man keine Illusionen haben. Die Schwierigkeit ist, einerseits nicht in einen prinzipiellen Pazifismus zu fallen und jede Gewaltanwendung zu verurteilen. Das wäre falsch und würde jede soziale Veränderung unmöglich machen.

MARCUSE Ja.

BUCH Auf der anderen Seite aber auch nicht Gewalt generell zu rechtfertigen. Das würde letzten Endes dem Faschismus Tor und Tür öffnen, weil damit jede Gewaltaktion legitimiert wäre.

MARCUSE Ich habe das mal so ausgedrückt: Man kann und soll nicht mit der Forderung nach Moral in der Geschichte anfangen, wenn es um den Kampf für den Sozialismus geht. Die bürgerliche Gesellschaft hat sich nie darum gekümmert, ob ihr Unschuldige zum Opfer gefallen sind oder nicht. Aber wenn es sich um den Sozialismus handelt, wird man auf einmal moralisch. Das Argument mit den Unschuldigen – und das ist nun wirklich das Ergebnis der Klassengesellschaft – ist ein sehr zweideutiges Argument.

BUCH Aber dann könnte man auch noch einen Schritt weitergehen und sagen, das, was in Argentinien oder Uruguay legitim ist, ist auch in Westdeutschland oder den USA legitim. Die Klassengesellschaft existiert hier wie dort, und es ist sehr leicht, Gewalt nur dann gutzuheißen, wenn sie in weit entfernten Ländern stattfindet und dadurch einen romantischen Anstrich bekommt, während man die gleichen Methoden des Kampfes bei uns von vornherein ablehnt.

MARCUSE Nein, da würde ich ohne jede Qualifizierung widersprechen. Man darf nicht – und besonders wir dürfen es nicht – die Bundesrepublik gleichsetzen mit Chile und Argentinien. Das wäre fatal, völlig ungerechtfertigt.

BUCH Ich habe neulich die *Repressive Toleranz* nochmal gelesen, und Du sagst da am Schluß etwas, das eigentlich selbstverständlich ist: solange es noch legale Möglichkeiten des Widerstandes gibt, und solange sie noch nicht völlig ausgeschöpft sind, so lange ist Gewalt – oder sagen wir lieber: eine bestimmte Form von Gewalt – abzulehnen. Es gibt auch die Gegengewalt, die Verteidigung gegen Repression, die auch unter diesen Umständen gerechtfertigt ist.

MARCUSE Was ist die Gewalt, die von Demonstranten ausgeübt wird, wenn sie ein Atomkraftwerks-Feld besetzen? Das ist, glaube ich, defensive Gewalt, Verteidigung gegen Todesdrohung.

BUCH Das ist eine symbolische Gewalt. Alle diese Aktionen – das sollten wir nie vergessen –, die Demonstrationen von 1967/68, auch die Bauplatzbesetzungen, hatten einen symbolischen Charakter. Niemand – oder sagen wir lieber: kaum jemand – hat sich ernsthaft eingebildet, daß die Platzbesetzung sozusagen ein militärischer Akt sei, der den Bau unmöglich macht. Sie ist ein symbolischer Protest, der den Bau aufhält, verzögert, und der die Öffentlichkeit, Presse und Justiz auf die Gefahren der Atomenergie aufmerksam machen soll.

MARCUSE Das ist aber auch das Argument der RAF: daß die Tötung, oder sagen wir ruhig: die Ermordung, dieser drei Opfer das Gewissen der Leute wachrütteln soll für das, was in der Gesellschaft vorgeht.

BUCH Nur, daß die Ermordung nicht symbolisch, sondern in Wirklichkeit stattfindet.

MARCUSE Die Besetzung des Bauplatzes hat auch in Wirklichkeit stattgefunden.

BUCH Ja, aber das bewegt sich auf einem anderen Niveau. Bei der Besetzung des Bauplatzes werden keine Todesopfer einkalkuliert oder gar bewußt herbeigeführt.

MARCUSE Die Ermordung von Ponto ist vermutlich auch nicht bewußt herbeigeführt worden. Man hat wohl angenommen, er werde keinen Widerstand leisten.

BUCH Sie ist aber von vornherein einkalkuliert worden: falls er Widerstand leistet, wird er erschossen. Was ich mit symbolischer Gewalt meine ist z. B., wenn die Strohpuppe eines korrupten Politikers verbrannt wird.

MARCUSE Das ist keine Gewalt.

BUCH Ja, das ist eben der Unterschied: das eine Mal wird ein Mensch wirklich ermordet, das andere Mal handelt es sich um einen symbolischen Protestakt.

MARCUSE Gut. Heydrich ist bewußt umgebracht worden.

BUCH In einem System, in dem es keine legalen Möglichkeiten des Widerstandes gab und in dem Heydrich noch dazu persönlich verantwortlich war für Verbrechen von ungeheurem Ausmaß. Das fällt unter den Tyrannenmord, der seit alters her von der Philosophie, und nicht nur von der marxistischen, gerechtfertigt wird. Den Tyrannenmord würde ich hier ausschließen.

MARCUSE Du kannst ihn nicht ausschließen, denn die RAF nimmt genau das für sich in Anspruch. Sie sagt, daß Herr Schleyer Repräsentant der Tyrannei ist, nämlich der kapitalistischen.

BUCH Ja, aber das ist ein ganz anderer Begriff von Tyrannei. Das Problem ist, daß bei den Aktionen der RAF eine falsche Analyse zugrunde liegt, die besagt, daß es zwischen Heydrich einerseits und Ponto oder Schleyer andererseits keinen prinzipiellen Unterschied mehr gibt. Die Frage ist, ob man dem zustimmt oder nicht. Man sollte es sich nicht zu einfach machen und sagen, das ist doch alles Wahnsinn . . .

MARCUSE Das ist ein ganz, ganz ernstes Problem. Denn wenn Du zugibst, daß man eine Ansicht verteidigen könnte, nach der ein Mann wie Schleyer verantwortlich ist für das, was heute geschieht, zum Beispiel in Südafrika, dann sind auch wir verantwortlich, indem wir unsere Steuern zahlen, den Gesetzen dieses Systems gehorchen und so weiter. Das ist ja nur ein Gradunterschied.

BUCH Schleyer wäre aber immerhin ein Akteur, während die anderen – wir zum Beispiel – bloß passive Mitläufer wären. Die RAF behauptet ja, es gibt keine Unschuldigen in diesem Kampf.

MARCUSE Das ist Blödsinn.

BUCH Ihre Ideologie läuft auf eine Art von Existentialismus hinaus: Wer nicht auf ihrer Seite steht, ist ihr Feind und damit ein Faschist. Es gibt nur noch Faschisten und Revolutionäre und nichts mehr dazwischen. Das Verrückte ist nur, daß auf einer sehr abstrakten Ebene das zutrifft: Die Tendenz zum Faschismus ist da.

MARCUSE Nicht nur die Tendenz zum Faschismus, sondern auch die Tendenz der radikalen Opposition. Die These der allgemeinen Schuld würde auch zutreffen auf die Arbeiterklasse, die Tag und Nacht arbeitet und damit den Kapitalismus reproduziert. Das ist doch ein ganz unhaltbarer Begriff! Damit wäre die Arbeiterklasse am meisten verantwortlich. Denn von ihr hängt es ab, ob der Kapitalismus weitergeht oder nicht.

BUCH Der Irrtum ist, daß damit alle Differenzierungen – und damit meine ich dialektische Differenzierungen, nicht einfach Schattierungen – wegfallen und letzten Endes ein neuer Militarismus von links gezüchtet wird, der nur noch in Freund- und Feindbildern denkt, so daß man nur noch die Wahl hat, entweder selbst zu schießen oder erschossen zu werden. Diese Schlußfolgerung ist falsch, theoretisch und praktisch falsch, ungefähr so, als wolle man sagen: Weil wir ja doch alle eines Tages sterben müssen, können wir uns auch gleich umbringen. – Aber das Problem des Terrors haben wir damit noch nicht gelöst. Es gibt den Tyrannenmord, aber es gibt auch den Terror einer Revolution, die sich verteidigen muß gegen innere und äußere Feinde, wie die französische oder die kubanische Revolution.

MARCUSE Allright. Schließt das ein zum Beispiel den Terror Robespierres gegen andersdenkende Revolutionäre? Das ist nicht mehr der Terror gegen die Konterrevolution.

BUCH Das ist ein schwieriges Problem, weil wir dazu neigen, aus der historischen Distanz Dinge nicht mehr so schlimm zu finden, die wir bei Stalin etwa sehr viel schlimmer finden, einfach deshalb, weil es noch nicht so lange her ist.

MARCUSE Und weil die Quantität viel kleiner war. Wenn man die Zahlen – wir haben ja jetzt Statistiken – der Opfer des Jakobinerterrors sich ansieht, dann ist das selbst für das damalige Jahrhundert wenig.

BUCH Aber die Zeitgenossen waren genauso entsetzt wie wir über den Stalinschen Terror. Warum haben Goethe, Schiller, Hegel, die doch mit den Prinzipien der Französischen Revolution sympathisierten, den Terror verurteilt? Nicht etwa aus politischer Borniertheit, sondern weil sie als Humanisten schockiert waren über die Grausamkeit, deren die Revolution fähig war, über ihre Pervertierung. Dabei gibt es objektive Gründe anzunehmen, daß beispielsweise die Fraktion von Danton wirklich konterrevolutionär war.

MARCUSE Sie war es aller Wahrscheinlichkeit nach, sogar ziemlich sicher.

BUCH Die Frage ist nur, ob ihre »physische Liquidierung« deshalb gerechtfertigt war.

MARCUSE Wer entscheidet, ob etwas gerechtfertigt ist oder nicht?

BUCH Wenn wir moralische Maßstäbe anlegen wollen, müssen wir auch heute noch dazu Stellung nehmen.

MARCUSE In gewisser Weise haben wir dazu Stellung genommen. Wir sind zu dem vorläufigen Ergebnis gekommen, daß, wenn der Terror Akteure, wie Du es genannt hast, betrifft, das heißt Personen, die demonstrierbar verantwortlich sind für Verbrechen, politische Verbrechen wie die Konzentrationslager, und die diese Verbrechen fortsetzen, daß dann der Terror berechtigt ist. Stimmt das? Ist das das Kriterium?

BUCH Ja, das stimmt. Aber ich möchte noch einmal auf den Jakobinerterror zurückkommen. Hegel schreibt in der *Phänomenologie*, daß unter den Bedingungen einer revolutionären Diktatur jeder verdächtig ist und daß der Verdacht auch schon das Todesurteil bedeutet. Das ist eine sehr ernst zu nehmende Warnung, denn ähnliche Situationen hat es schon so oft gegeben in der Geschichte, daß man sich fragen muß, ob hier nicht wirklich ein historisches Gesetz vorliegt, daß nämlich unter den extremen Bedingungen einer Revolution jede kleinste Abweichung als Verrat gebrandmarkt und entsprechend bestraft wird – und ob man das gutheißen darf.

MARCUSE Das darf man nicht gutheißen. Damit kommen wir aber wieder zu dem Problem, ob der Zweck die Mittel heiligt. Also, in diesem Stadium unseres Gesprächs lautet die Antwort: Der Zweck heiligt nicht die Mittel. Gibt es Situationen, in denen der Zweck doch die Mittel heiligt?

BUCH Ich will ein extremes Beispiel anführen. Brecht hat in den dreißiger Jahren so argumentiert, daß die Moskauer Prozesse, selbst wenn ihre Opfer unschuldig waren, notwendig gewesen seien, um dem Volk zu demonstrieren, daß die

Opposition gegen Stalin eine falsche Politik verfolgte; um diese Tatsache dem Volk klarzumachen, hätte die Oppositionsfraktion beseitigt werden müssen. – Das ist für mich ein tief inhumaner, durch keinerlei Marxismus zu rechtfertigender Schluß!

MARCUSE Ekelhaft.

BUCH Das ist keine Dialektik mehr, sondern Sophistik. Ein dunkler Punkt in Brechts Haltung zu Stalin ...

MARCUSE Sehr dunkel!

BUCH ... die sonst differenzierter war. Aber ich glaube, wir sollten zur Gegenwart zurückkehren und festhalten, daß die Alternative zur RAF nicht darin besteht, jede revolutionäre Gewalt unter allen Umständen auszuschließen, sondern darin, diese Art von Gewalt, die historisch und politisch nicht zu rechtfertigen ist, zu verurteilen.

MARCUSE Wie definiert man Gewalt im Sinne sozialistischer Moral?

BUCH Man kann sie nur aufgrund der historischen Umstände definieren, und da kommen wir wieder auf die marxistische Trennung von individuellem und kollektivem Terror zurück. Eine darüber hinausgehende Ethik ist offenbar im Marxismus nicht möglich oder noch nicht überzeugend formuliert worden.

MARCUSE Was wäre heute in der Bundesrepublik gerechtfertigte Gewalt?

BUCH Zum Beispiel die Besetzung von Häusern oder von Bauplätzen für Kernkraftwerke oder die Verteidigung gegen Angriffe der Polizei bei Demonstrationen.

MARCUSE Das ist alles defensive Gewalt. Wenn dagegen nun das Argument vorgebracht wird: Das haben wir seit Jahrzehnten versucht, es hat zu absolut nichts geführt!, ist dann die Situation eingetreten, wo man sagen kann, die legalen Möglichkeiten seien erschöpft und Widerstandsrecht, individuelles und kollektives, sei am Zuge?

BUCH Ich glaube nicht, denn dann müßte man eben seine Phantasie anstrengen, um neue Kampfformen zu entwickeln, die den gleichen symbolischen oder demonstrativen Effekt haben, den Haus- und Bauplatzbesetzungen einmal hatten, und die trotzdem eine bestimmte Grenze nicht überschreiten, die nur überschritten werden darf, wenn tatsächlich faschistische oder totalitäre Verhältnisse herrschen.

MARCUSE Das ist wichtig, das muß man noch einmal klar formulieren. Dann wäre also die Grenze zwischen einer im Kampf für den Sozialismus notwendigen Gewalt und einem zu verwerfenden Terror genau die Situation, in der es noch legale Möglichkeiten wirksamen Widerstandes gibt. Innerhalb dieser Grenze wäre der Terror absolut untersagt.

BUCH In Franco-Spanien wäre also die Ermordung des Innenministers ...

MARCUSE ... Carrero Blanco ...

BUCH ... gerechtfertigt. In der Bundesrepublik oder den USA wäre so etwas nicht gerechtfertigt. In der DDR aber – darüber spricht die Linke nie – wäre Widerstand legitim, wenn er vom Volk ausgeht. Oder nicht?

MARCUSE Das ist ein ganz heikles Problem. Wenn wir dasselbe Kriterium jetzt auf die DDR anwenden, würde das heißen, daß heute schon in der DDR Terror als Widerstand erlaubt ist. Das ist falsch! Wir müssen noch ein anderes Kriterium hinzufügen. Es kommt auf das Regime, auf die jeweilige Gesellschaft an. Nun kann freilich kein Mensch vernünftigerweise behaupten, daß wir in der DDR schon die sozialistische Gesellschaft vor uns haben. Es fragt sich, ob der Unterschied zur kapitalistischen groß genug ist, um hier dieses Kriterium nicht mehr anwendbar zu machen.

BUCH Wir haben in der DDR eine zumindest im Ansatz sozialistische Gesellschaft, die Fundamente des Sozialismus sind gelegt, die ökonomischen Vorbedingungen sind da, und die Formen der Auseinandersetzung werden deshalb anders sein als in kapitalistischen Ländern. Ich will ein anderes Beispiel anführen: In Rumänien haben streikende Arbeiter vor ein paar Monaten Fabriken besetzt und hohe Parteifunktionäre, die zu Verhandlungen hinkamen, als Geiseln festgehalten. Und sie haben ihre Geiseln erst frei gelassen, nachdem Ceausescu persönlich interveniert und ihnen versprochen hatte, daß sie straffrei ausgehen und daß ihre Forderungen geprüft würden. Was ist passiert? Jetzt werden die Rädelsführer vor Gericht gestellt, die Regierung hat Truppen zusammengezogen, Ceausescu hat sein Versprechen nicht gehalten, und die Arbeiter sind betrogen worden. Wahrscheinlich werden ihre Kampfformen das nächste Mal noch militanter sein.

MARCUSE Das wäre berechtigt. Aber, damit wir uns nicht so schnell bei unserem Kriterium beruhigen, noch ein anderes Argument. Was, wenn jemand sagt: Gut, solange legale Widerstandsmöglichkeiten bestehen, kein Terror. Wenn darauf nun jemand antwortet: Wir haben in der Geschichte und auch in der Gegenwart genug Erfahrungen gesammelt, daß im Laufe der legalen, demokratischen Entwicklung genau die Bedingungen vorbereitet werden, die dann den legalen Widerstand unmöglich machen, das heißt, die Bedingungen für die innere Umwandlung der kapitalistischen Demokratie in einen autoritären oder protofaschistischen Staat auf legalem Wege.

BUCH Ich spreche nicht von legalem Widerstandsrecht in einem juristisch engen Sinne. Auch eine Haus- oder Bauplatzbesetzung ist illegal, auch eine nicht genehmigte Demonstration ist illegal, und trotzdem findet sie statt. Die ganze studentische Protestbewegung beruhte darauf, daß solche Spielregeln, auch juristischer Art, durchbrochen wurden. Wenn sie von Anfang an die vom System gezogenen engen Grenzen eingehalten hätte, hätte es nie eine Protestbewegung gegeben.

MARCUSE Aber was ist dann die Grenze zwischen abstrakt legaler und wirklich legaler Möglichkeit?

BUCH Abstrakt legal hieße, seinen Kongreß- oder Bundestagsabgeordneten über Mißstände und Beschwerden zu informieren und sich damit zufriedenzugeben. Das wäre legaler Protest, in den dafür vorgeschriebenen Kanälen. Die Alternative dazu wäre der außerparlamentarische Kampf, wobei Kampf nicht bedeutet, daß geschossen wird, sondern daß Opposition betrieben wird mit neuen, phantasievollen Methoden, die durchaus provozierend und aggressiv sein können.

MARCUSE Das können wir aber nicht mehr »legal« nennen, nicht juristisch legal. Juristisch legal sind diese Formen des Kampfes alle nicht, weder eine Demonstration, die über das Genehmigte hinausgeht, noch die Haus- oder Bauplatzbesetzung.

BUCH Das ist ein wichtiger Hinweis. Es gibt also so etwas wie eine Legitimität des Kampfes, die nicht gleichzusetzen ist mit seiner Legalität, und diese Legitimität wird nicht vom System definiert, vom Gegner, sondern von den Subjekten des Kampfes selbst.

MARCUSE Da muß aber eine objektive Entscheidung möglich sein!

BUCH Ja, und damit kämen wir einer sozialistischen Ethik näher: daß nämlich in sämtlichen Stadien des Kampfes das Ziel nicht nur nicht aus den Augen verloren werden darf, sondern mitenthalten sein muß. Daß ein Stück Sozialismus, ein Stück Gegenkultur in diesen Kampfmethoden inbegriffen sein muß, und daß die Methoden des Kampfes nicht die des Gegners sein dürfen. Der Faschismus hat seine Machtergreifung vorbereitet durch Attentate, Schlägerkommandos und so weiter.

MARCUSE Alle diese Kampforganisationen wurden von der Weimarer Republik toleriert. Wenn's den »Stahlhelm« und die SA auf der einen Seite gab, dann auf der anderen Seite den republikanischen Schutzbund und ähnliche kommunistische Organisationen. Das ist die Situation. Also, wo ist da die Grenze?

BUCH Mir scheint, daß es zwischen den Methoden des Kampfes und seinen Zielen eine Dialektik geben muß, das heißt, daß das Ziel des Kampfes sich auch in der Wahl der Mittel widerspiegeln muß. So wie in einer Haus- oder Bauplatzbesetzung ja nicht Gewalt und Terror, sondern kreative Formen des Protestes zum Ausdruck kommen – und nicht ein militärstrategisches Kalkül wie auf seiten der Rechten. Deshalb sind die Faschisten auf diesem Gebiet auch immer so sehr viel effektiver.

MARCUSE Aber was heißt es nun konkret, daß das Ziel, nämlich der Sozialismus, sich in den Mitteln ausdrücken soll? Selbst wenn es nur Gegengewalt ist – und die haben wir ausdrücklich als legitim anerkannt –, wo spiegelt sich da in der Aktion das Ziel? Das Ziel spiegelt sich zum Beispiel im Verwerfen jeder Art von Folter. Können wir noch andere konkrete Fälle nennen, wie wir uns vorstellen, daß sich das Ziel in den Mitteln spiegeln muß? Es ist schwer. Ich meine, daß in allen Demonstrationen das Ziel den anderen sichtbar sein muß. Was zum Beispiel der Fall ist, wenn ein Wohngebäude besetzt wird, aus dem die Einwohner rausgeschmissen werden sollen, um Platz zu machen für Büros. Das wäre ein Fall, wo das Ziel deutlich ist in dem Mittel der Besetzung.

BUCH Sogar in einer Bürgerkriegssituation sollte es eine grundsätzliche Humanität geben im Umgang mit dem politischen Gegner, die dieser nicht an den Tag legt. Der Guerillakampf in Lateinamerika hat das gezeigt; es gibt viele Beispiele von politischen Gefangenen, die ausgesagt haben, daß sie korrekt und human behandelt wurden – im Gegensatz zu der brutalen Tortur, der gefangene Revolutionäre unterzogen werden. Die Rechte foltert und mordet. Die Linke sollte zu überzeugen versuchen durch eine Humanität, die ihre Gegner gerade nicht haben.

MARCUSE Wir können sagen, die pragmatische Verurteilung des Terrors ist nicht ausreichend. Sie muß zusammengehen mit einer moralischen Verurteilung, und zwar im Sinne sozialistischer Moral. Das haben wir umschrieben – Du hast den Ausdruck eben gebraucht – mit dem Wort »humanitär«: daß eben das Ziel einer befreiten Gesellschaft auch in den Gewaltanwendungen klar sein muß, und zwar nicht nur den unmittelbar Beteiligten, sondern auch den Unbeteiligten.

BUCH Es gibt hierfür ein allerdings zweischneidiges Beispiel – im wahrsten Sinne des Wortes. Die Einführung der Guillotine durch die Französische Revolution war ein Fortschritt, war human im Vergleich zu den Hinrichtungsmethoden, die unter der Monarchie üblich waren – so obszön das klingt.

MARCUSE So sieht eben in der bürgerlichen Gesellschaft der Fortschritt aus.

Editorische Notiz

Theorie und Politik: Dieses Gespräch ist im Juli 1977 in Starnberg geführt worden. Erstveröffentlichung.
Weiblichkeitsbilder: Das Gespräch hat im Juli 1977 in Pontresina stattgefunden. Erstveröffentlichung.
Die Salecina-Gespräche: Mit Ausnahme des ersten Teils des Textes *(Sechs Fragen zu Theorie und Praxis),* der auf ein Interview im Jahre 1975 zurückgeht, zeichnet das Protokoll Gespräche auf, die im Sommer 1977 in Salecina und in Zürich geführt worden sind. Erstveröffentlichung.
Radikale Philosophie: die Frankfurter Schule: Die Gespräche, die diesem Text zugrunde liegen, wurden von der BBC, London, gesendet. Erstveröffentlichung.
»So sieht in der bürgerlichen Gesellschaft der Fortschritt aus . . .«: Der Text gibt einen Ausschnitt aus einer längeren Unterhaltung vom November 1977 in La Jolla, Kalifornien, wieder. Er ist zuerst im *Literaturmagazin 8* (Mai 1978), Reinbek bei Hamburg, erschienen.

Die Fotos auf den Seiten 7, 63, 89, 141 veröffentlichen wir mit freundlicher Erlaubnis der kanadischen Zeitschrift *Forces* (© by *Forces,* Montréal); das Foto auf den Seiten 118-119 hat Abisag Tüllmann aufgenommen.

Herbert Marcuse

Schriften 1

Der deutsche Künstlerroman

Frühe Aufsätze

TEIL 1

Der deutsche Künstlerroman

TEIL 2

Beiträge zu einer Phänomenologie des Historischen Materialismus (1928)

Über konkrete Philosophie (1929)

Zum Problem der Dialektik I (1930)

Zum Problem der Dialektik II (1931)

Transzendentaler Marxismus? (1930)

Das Problem der geschichtlichen Wirklichkeit (1931)

Zur Auseinandersetzung mit Hans Freyers »Soziologie als Wirklichkeitswissenschaft« (1931)

Neue Quellen zur Grundlegung des Historischen Materialismus (1932)

Über die philosophischen Grundlagen des wirtschaftswissenschaftlichen Arbeitsbegriffs (1933)

549 Nelly Sachs, Gedichte
550 Ernst Penzoldt, Kleiner Erdenwurm
551 Octavio Paz, Gedichte
552 Luigi Pirandello, Einer, Keiner, Hunderttausend
553 Strindberg, Traumspiel
554 Carl Seelig, Wanderungen mit Robert Walser
555 Gershom Scholem, Von Berlin nach Jerusalem
556 Thomas Bernhard, Immanuel Kant
557 Ludwig Hohl, Varia
559 Raymond Roussel, Locus Solus
560 Jean Gebser, Rilke und Spanien
561 Stanisław Lem, Die Maske · Herr F.
562 Raymond Chandler, Straßenbekanntschaft Noon Street
563 Konstantin Paustowskij, Erzählungen vom Leben
564 Rudolf Kassner, Zahl und Gesicht
565 Hugo von Hofmannsthal, Das Salzburger große Welttheater
567 Siegfried Kracauer, Georg
568 Valery Larbaud, Glückliche Liebende . . .
570 Graciliano Ramos, Angst
571 Karl Kraus, Über die Sprache
572 Rudolf Alexander Schröder, Ausgewählte Gedichte
573 Hans Carossa, Rumänisches Tagebuch
574 Marcel Proust, Combray
575 Theodor W. Adorno, Berg
576 Vladislav Vančura, Der Bäcker Jan Marhoul
577 Mircea Eliade, Die drei Grazien
578 Georg Kaiser, Villa Aurea
580 Elias Canetti, Aufzeichnungen
581 Max Frisch, Montauk
582 Samuel Beckett, Um abermals zu enden
583 Mao Tse-tung, 39 Gedichte
584 Ernst Kreuder, Die Gesellschaft vom Dachboden
585 Peter Weiss, Der Schatten des Körpers des Kutschers
586 Herman Bang, Das weiße Haus
587 Herman Bang, Das graue Haus
588 Hermann Broch, Menschenrecht und Demokratie
590 O'Brien, Zwei Vögel beim Schwimmen
591 André Gide, Die Rückkehr des verlorenen Sohnes
593 Robert Walser, Der Spaziergang
594 Natalia Ginzburg, Caro Michele
600 Thomas Bernhard, Ja

831 Henri Lefebvre, Einführung in die Modernität
832 Herbert Claas, Die politische Ästhetik Bertolt Brechts vom Baal zum Caesar
833 Peter Weiss, Dramen I
834 Friedensanalysen 2
835-838 Bertolt Brecht, Gedichte in 4 Bänden
839 Géza Róheim, Psychoanalyse und Anthropologie
840 Aus der Zeit der Verzweiflung. Beiträge von Becker/Bovenschen/Brackert u. a.
841 Fernando H. Cardoso/Enzo Faletto, Abhängigkeit und Entwicklung in Lateinamerika
842 Alexander Herzen, Die gescheiterte Revolution
844 Othein Rammstedt, Soziale Bewegung
845 Ror Wolf, Die Gefährlichkeit der großen Ebene
847 Friedensanalysen 3
848 Dieter Wellershoff, Die Auflösung des Kunstbegriffs
849 Samuel Beckett, Glückliche Tage
850 Basil Bernstein, Beiträge zu einer Theorie
851 Hobsbawm/Napolitano, Auf dem Weg zum ›historischen Kompromiß‹
852 Über Max Frisch II
853 Brecht-Jahrbuch 1976
854 Julius Fučík, Reportage unter dem Strang geschrieben
856 Dieter Senghaas, Weltwirtschaftsordnung und Entwicklung
857 Peter V. Zima, Kritik der Literatursoziologie
858 Silvio Blatter, Genormte Tage, verschüttete Zeit
859 Russell Jacoby, Soziale Amnesie
860 Gombrich/Hochberg/Black, Kunst, Wahrnehmung, Wirklichkeit
861 Blanke/Offe/Ronge u.a., Bürgerlicher Staat und politische Legitimation. Herausgegeben von Rolf Ebbighausen
863 Gesellschaft, Beiträge zur Marxschen Theorie 8/9
864 Über Wolfgang Koeppen. Herausgegeben von Ulrich Greiner
866 Fichant/Pêcheux, Überlegungen zur Wissenschaftsgeschichte
867 Ernst Kris, Die ästhetische Illusion
868 Brede/Dietrich/Kohaupt, Politische Ökonomie des Bodens
870 Umwälzung einer Gesellschaft. Herausgegeben von Richard Lorenz
871 Friedensanalysen 4
872 Piven/Cloward, Regulierung der Armut
873 Produktion, Arbeit, Sozialisation. Herausgegeben von Th. Leithäuser und W. R. Heinz
874 Max Frisch/Hartmut von Hentig, Zwei Reden zum Friedenspreis des Deutschen Buchhandels 1976
875 Eike Hennig, Bürgerliche Gesellschaft und Faschismus in Deutschland
877 Starnberger Studien 1

878 Leithäuser/Volmerg/Wutka, Entwurf zu einer Empirie
879 Peter Bürger, Aktualität und Geschichtlichkeit
880 Tilmann Moser, Verstehen, Urteilen, Verurteilen
881 Loch/Kernberg u. a., Psychoanalyse im Wandel
882 Michael T. Siegert, Strukturbedingungen von Familienkonflikten
883 Erwin Piscator, Theater der Auseinandersetzung
884 Politik der Subjektivität. Texte der italienischen Frauenbewegung, Herausgegeben von Michaela Wunderle
885 Hans Dieter Zimmermann, Vom Nutzen der Literatur
886 Gesellschaft, Beiträge zur Marxschen Theorie 10
887 Über Hans Mayer, Herausgegeben von Inge Jens
888 Nicos Poulantzas, Die Krise der Diktaturen
889 Alexander Weiß, Bericht aus der Klinik
890 Bergk/Ewald/Fichte u. a., Aufklärung und Gedankenfreiheit. Herausgegeben und eingeleitet von Zwi Batscha
891 Friedensanalysen 5
892 Franz L. Neumann, Wirtschaft, Staat, Demokratie
893 Georges Politzer, Kritik der Grundlagen der Psychologie
895 Umberto Eco, Zeichen. Einführung in einen Begriff und seine Geschichte
897 Ralph-Rainer Wuthenow, Muse, Maske, Meduse
898 Cohen/Taylor, Ausbruchversuche. Identität und Widerstand
902 Ernest Borneman, Psychoanalyse des Geldes
904 Alfred Sohn-Rethel, Warenform und Denkform
906 Brecht-Jahrbuch 1977
907 Horst Kern, Michael Schumann, Industriearbeit und Arbeiterbewußtsein
908 Julian Przybós, Werkzeug aus Licht
910 Peter Weiss, Stücke II
913 Martin Walser, Das Sauspiel mit Materialien. Herausgegeben von Werner Brändle
916 Dürkop/Hardtmann (Hrsg.), Frauen im Gefängnis
920 Tagträume vom aufrechten Gang. Sechs Interviews mit Ernst Bloch, Herausgegeben von Arno Münster
925 Friedensanalysen 6
927 Ausgewählte Gedichte Brechts, Herausgegeben von Walter Hinck
928 Betty Nance Weber, Brechts ›Kreidekreis‹
929 Auf Anregung Bertolt Brechts: Lehrstücke. Herausgegeben von Reiner Steinweg
930 Walter Benjamin, Briefe 1 und 2. Herausgegeben von Gershom Scholem und Theodor W. Adorno
933 Ute Gerhard, Verhältnisse und Verhinderungen
935 Literatur ist Utopie. Herausgegeben von Gert Ueding
954 Elias/Lepenies, Zwei Reden. Theodor W. Adorno-Preis 1977
955 Friedensanalysen 7
956 Brecht-Jahrbuch 1978. Hrsg. Fuegi/Grimm/Hermand
957 Gesellschaft, Beiträge zur Marxschen Theorie 11

Alphabetisches Verzeichnis der edition suhrkamp

Abendroth, Sozialgesch. d. europ. Arbeiterbewegung 106
Abendroth, Ein Leben 820
Achternbusch, L'Etat c'est moi 551
Adam, Südafrika 343
Adorno, Drei Studien zu Hegel 38
Adorno, Eingriffe 10
Adorno, Kritik 469
Adorno, Jargon d. Eigentlichkeit 91
Adorno, Moments musicaux 54
Adorno, Ohne Leitbild 201
Adorno, Stichworte 347
Adorno, Zur Metakritik der Erkenntnistheorie 590
Adorno, Gesellschaftstheorie u. Kultur 772
Aggression und Anpassung 282
Alberts/Balzer/Heister/Warneken u.a., Segmente der Unterhaltungsindustrie 651
Alff, Der Begriff Faschismus 456
Alff, Materialien zum Kontinuitätsproblem 714
Althusser, Für Marx 737
Altvater/Basso/Mattick/Offe u. a., Rahmenbedingungen 824
Andersch, Die Blindheit des Kunstwerks 133
Antworten auf H. Marcuse 263
Architektur als Ideologie 243
Architektur u. Kapitalverwertung 638
Über H. C. Artmann 541
Arzt u. Patient in der Industriegesellschaft, hrsg. v. O. Döhner 643
Aspekte der Marxschen Theorie I 632
Aspekte der Marxschen Theorie II 633
Auf Anregung Bertolt Brechts: Lehrstücke, hrsg. von Reiner Steinweg 929
Augstein, Meinungen 214
Aus der Zeit der Verzweiflung 840
Ausgewählte Gedichte Brechts, hrsg. von W. Hinck 927
Autonomie der Kunst 592
Autorenkollektiv Textinterpretation . . ., Projektarbeit als Lernprozeß 675
Bachrach/Baratz, Macht und Armut 813
Baran/Sweezy, Monopolkapital [in Amerika] 636
Barthes, Mythen des Alltags 92
Barthes, Kritik und Wahrheit 218
Basaglia, F., Die abweichende Mehrheit 537
Basaglia, F. (Hrsg.), Die negierte Institution 655
Basaglia, F. (Hrsg.), Was ist Psychiatrie? 708
Basso, L., Gesellschaftsformation u. Staatsform 720
Baudelaire, Tableaux Parisiens 34
Becker, E. / Jungblut, Strategien der Bildungsproduktion 556
Becker, H., Bildungsforschung 483
Becker, J., Felder 61
Becker, J., Ränder 351
Becker, J., Umgebungen 722
Über Jürgen Becker 552
Beckett, Aus einem aufgegeb. Werk 145
Beckett, Fin de partie / Endspiel 96
Materialien zum ›Endspiel‹ 286
Beckett, Das letzte Band 389
Beckett, Warten auf Godot 3
Beckett, Glückliche Tage 849
Beiträge zur marxist. Erkenntnistheorie 349
Benjamin, Drei Hörmodelle 468
Benjamin, Das Kunstwerk 28
Benjamin, Über Kinder 391
Benjamin, Kritik der Gewalt 103
Benjamin, Städtebilder 17
Benjamin, Versuche über Brecht 172
Benjamin, Briefe 1 und 2, hrsg. v. Scholem/Adorno 930
Bergk/Ewald/Fichte u.a., Aufklärung und Gedankenfreiheit 890
Berger, Untersuchungsmethode u. soziale Wirklichkeit 712
Bergman, Wilde Erdbeeren 79
Bernhard, Amras 142
Bernhard, Fest für Boris 440
Bernhard, Prosa 213
Bernhard, Ungenach 279
Bernhard, Watten 353
Über Thomas Bernhard 401
Bernstein, Beiträge zu einer Theorie 850
Bertaux, Hölderlin u. d. Französ. Revol. 344
Berufsbildungsreform, hrsg. v. C. Offe 761
Blatter, Genormte Tage 858
Blanke u. a., Bürgerlicher Staat 861
Bloch, Avicenna 22
Bloch, Ästhetik des Vor-Scheins I 726
Bloch, Ästhetik des Vor-Scheins II 732
Bloch, Das antizipierende Bewußtsein 585
Bloch, Christian Thomasius 193
Bloch, Durch die Wüste 74
Bloch, Über Hegel 413
Bloch, Pädagogica 455
Bloch, Tübinger Einleitung in die Philosophie I 11

Bloch, Tübinger Einleitung in die Philosophie II 58
Bloch, Über Karl Marx 291
Bloch, Vom Hasard zur Katastrophe 534
Bloch, Widerstand und Friede 257
Bloch/Braudel/Ł. Febvre u. a., Schrift und Materie der Geschichte 814
Block, Ausgewählte Aufsätze 71
Blumenberg, Kopernikan. Wende 138
Böhme, Soz.- u. Wirtschaftsgesch. 253
Bock, Geschichte des ›linken Radikalismus‹ in Deutschland 645
Boer, Lodewijk de, The Family 760
Böckelmann, Theorie der Massenkommunikation 658
du Bois-Reymond, B. Söll, Neuköllner Schulbuch, 2 Bände 681
du Bois-Reymond, M., Strategien kompensator. Erziehung 507
du Bois-Reymond, Verkehrsformen 830
Bond, Gerettet / Hochzeit d. Papstes 461
Borneman, Psychoanalyse des Geldes 902
Bosse, Verwaltete Unterentwicklung 752
Brackert, Bauernkrieg 782
Brandt u. a., Zur Frauenfrage im Kapitalismus 581
Brandys, Granada 167
Braun, Gedichte 397
Braun, Es genügt nicht die einfache Wahrheit 799
Brecht, Antigone / Materialien 134
Brecht, Arturo Ui 144
Brecht, Ausgewählte Gedichte 86
Brecht, Baal 170
Brecht, Baal der asoziale 248
Brecht, Brotladen 339
Brecht, Das Verhör des Lukullus 740
Brecht, Der gute Mensch v. Sezuan 73
Materialien zu ›Der gute Mensch . . .‹ 247
Brecht, Der Tui-Roman 603
Brecht, Die Dreigroschenoper 229
Brecht, Die heilige Johanna der Schlachthöfe 113
Brecht, Die heilige Johanna / Fragmente und Varianten 427
Brecht, Die Maßnahme 415
Brecht, Die Tage der Commune 169
Brecht, Furcht u. Elend d. 3. Reiches 392
Brecht, Gedichte u. Lieder aus Stücken 9
Brecht, Herr Puntila 105
Brecht, Im Dickicht der Städte 246
Brecht, Jasager – Neinsager 171
Brecht, Die Geschäfte des Julius Cäsar 332
Brecht, Kaukasischer Kreidekreis 31
Materialien zum ›Kreidekreis‹ 155
Brecht, Kuhle Wampe 362
Brecht, Leben des Galilei 1
Materialien zu ›Leben des Galilei‹ 44
Brecht, Leben Eduards II. 245
Brecht, Stadt Mahagonny 21
Brecht, Mann ist Mann 259
Brecht, Mutter Courage 49
Materialien zu ›Mutter Courage‹ 50
Materialien zu ›Die Mutter‹ 305
Brecht, Die Mutter (Regiebuch) 517
Brecht, Über Realismus 485
Brecht, Über d. Beruf d. Schauspielers 384
Brecht, Schweyk im zweiten Weltkrieg 132
Materialien zu ›Schweyk im zweit. Weltkrieg‹ 604
Brecht, Die Gesichte der Simone Machard 369
Brecht, Über Politik und Kunst 442
Brecht, Über experiment. Theater 377
Brecht, Trommeln in der Nacht 490
Brecht, Über Lyrik 70
Brecht, Gedichte in 4 Bänden 835-38
Brecht-Jahrbuch 1974 758
Brecht-Jahrbuch 1975 797
Brecht-Jahrbuch 1976 853
Brecht-Jahrbuch 1977 906
Brecht-Jahrbuch 1978 956
Brecht, Drei Lehrstücke 817
Brecht im Gespräch, hrsg. von Werner Hecht 771
Brechts Modell der Lehrstücke, hrsg. von Rainer Steinweg
Brede u. a., Determinanten d. Wohnungsversorgung 745
Brede u. a., Politische Ökonomie d. Bodens 868
Bredekamp, Kunst als Medium sozialer Konflikte 763
Materialien zu H. Brochs ›Die Schlafwandler‹ 571
Brooks, Paradoxie im Gedicht 124
Brus, Funktionsprobleme d. sozialist. Wirtschaft 472
Brus, W., Sozialistisches Eigentum 801
Bubner, Dialektik u. Wissenschaft 597
Bürger, Die französ. Frühaufklärung 525
Bürger, Theorie der Avantgarde 727
Bürger, Aktualität und Geschichtlichkeit 879
Bulthaup, Zur gesellschaftl. Funktion der Naturwissenschaften 670
Burke, Dichtung als symbol. Handlung 153
Burke, Rhetorik in Hitlers ›Mein Kampf‹ 231
Busch, Die multinationalen Konzerne 741
Cardoso/Faletto, Abhängigkeit 841
Caspar D. Friedrich u. d. dt. Nachwelt, hrsg. v. W. Hofmann 777
Celan, Ausgewählte Gedichte 262
Über Paul Celan 495

Chasseguet-Smirgel (Hrsg), Psychoanalyse der weiblichen Sexualität 697
Chomsky, Aus Staatsraison 736
Claas, Die politische Ästhetik 832
Clemenz, Gesellschaftl. Ursprünge des Faschismus 550
Cohen/Taylor, Ausbruchversuche 898
Cogoy, Wertstruktur und Preisstruktur 810
Cooper, Psychiatrie u. Anti-Psychiatrie 497
Córdova/Michelena, Lateinamerika 311
Creeley, Gedichte 227
Dallemagne, Die Grenzen der Wirtschaftspolitik 730
Damus, Entscheidungsstrukturen in der DDR-Wirtschaft 649
Deleuze/Guattari, Kafka 807
Determinanten der westdeutschen Restauration 1945-1949 575
Deutsche und Juden 196
Die Hexen der Neuzeit, hrsg. von Claudia Honegger 743
Dobb, Organis. Kapitalismus 166
Dobb, Wert- und Verteilungstheorien 765
Döbert, R./Nunner-Winkler, G,. Adoleszenzkrise und Identitätsbildung 794
Dorst, Eiszeit 610
Dorst, Toller 294
Über Tankred Dorst (Werkbuch) 713
Drechsel u. a., Massenzeichenware 501
Doras, Ganze Tage in den Bäumen 80
Duras, Hiroshima mon amour 26
Eckensberger, Sozialisationsbedingungen d. öffentl. Erziehung 466
Eco, Zeichen 895
Eich, Abgelegene Gehöfte 288
Eich, Botschaften des Regens 48
Eich, Mädchen aus Viterbo 60
Eich, Setúbal / Lazertis 5
Eich, Marionettenspiele / Unter Wasser 89
Über Günter Eich 402
Eichenbaum, Theorie u. Gesch. d. Literatur 119
Eisner, Sozialismus als Aktion 773
Elias/Lepenies, Zwei Reden 954
Eliot, Die Cocktail Party 98
Eliot, Der Familientag 152
Eliot, Mord im Dom 8
Eliot, Was ist ein Klassiker? 33
Entstalinisierung in der Sowjetunion 609
Enzensberger, Blindenschrift 217
Enzensberger, Deutschland 203
Enzensberger, Einzelheiten I 63
Enzensberger, Einzelheiten II 87
Enzensberger, Landessprache 304
Enzensberger, Das Verhör von Habana 553
Enzensberger, Palaver 696
Enzensberger, Der Weg ins Freie 759
Über H. M. Enzensberger 403
Erkenntnistheorie, marxist. Beiträge 349
Eschenburg, Über Autorität 129
Euchner, Egoismus und Gemeinwohl 614
Expressionismusdebatte, hrsg. von H. J. Schmitt 646
Fassbinder, Antiteater 443
Fassbinder, Antiteater 2 560
Fassbinder, Stücke 3 803
Fichant/Pêcheux, Überlegungen zur Wissenschaftsgeschichte 866
Fischer-Seidel, James Joyces »Ulysses« 826
Fleischer, Marxismus und Geschichte 323
Materialien zu M. F. Fleißer 594
Foucault, Psychologie u. Geisteskrankheit 272
Frauenarbeit – Frauenbefreiung, hrsg. v. A. Schwarzer 637
Frauenfrage im Kapitalismus, Brandt/Kootz/Steppke 581
Frauen im Gefängnis, hrsg. von Dürkop/Hardtmann 916
Frerichs/Kraiker, Konstitutionsbedingungen 685
Friedensanalysen 1 784
Friedensanalysen 2 834
Friedensanalysen 3 847
Friedensanalysen 4 871
Friedensanalysen 5 891
Friedensanalysen 6 925
Friedensanalysen 7 955
Frisch, Ausgewählte Prosa 36
Frisch, Biedermann u. d. Brandstifter 41
Frisch, Die chinesische Mauer 65
Frisch, Don Juan oder Die Liebe zur Geometrie 4
Frisch, Frühe Stücke. Santa Cruz / Nun singen sie wieder 154
Frisch, Graf Öderland 32
Frisch, Öffentlichkeit 209
Frisch, Zürich – Transit 161
Frisch/Hentig, Zwei Reden 874
Über Max Frisch 404
Über Max Frisch II 852
Fritzsche, Politische Romantik 778
Fromm, Sozialpsychologie 425
Fučík, Reportage unter dem Strang geschrieben 854
Fuegi/Grimm/Hermand (Hrsg.), Brecht-Jahrbuch 1974 758
Gastarbeiter 539
Gefesselte Jugend / Fürsorgeerziehung 514
Geiss, Geschichte u. Geschichtswissenschaft 569
Germanistik 204
Gerhard, Ute, Verhältnisse und Verhinderungen 933

Gesellschaft, Beiträge zur Marxschen Theorie I 695
Gesellschaft II 731
Gesellschaft III 739
Gesellschaft IV 764
Gesellschaft V 787
Gesellschaft VI 806
Gesellschaft VII 827
Gesellschaft VIII/IX 863
Gesellschaft X 886
Gesellschaft XI 957
Gesellschaftsstrukturen, hrsg. v. O. Negt u. K. Meschkat 589
Gespräche mit Ernst Bloch, Hrsg. von Rainer Traub und Harald Wieser 798
Goeschel/Heyer/Schmidbauer, Soziologie der Polizei I 380
Goffman, Asyle 678
Goldscheid/Schumpeter, Finanzkrise 698
Gombrich/Hochberg/Black, Kunst, Wahrnehmung, Wirklichkeit 860
Grass, Hochwasser 40
Gröll, Erziehung 802
Guattari, Psychotherapie 768
Guérin, Anarchismus 240
Haavikko, Jahre 115
Habermas, Logik d. Sozialwissenschft. 481
Habermas, Protestbewegung u. Hochschulreform 354
Habermas, Technik u. Wissenschaft als Ideologie 287
Habermas, Legitimationsprobleme im Spätkapitalismus 623
Hacks, Das Poetische 544
Hacks, Stücke nach Stücken 122
Hacks, Zwei Bearbeitungen 47
Handke, Die Innenwelt 307
Handke, Kaspar 322
Handke, Publikumsbeschimpfung 177
Handke, Wind und Meer 431
Handke, Ritt über den Bodensee 509
Über Peter Handke 518
Hannover, Rosa Luxemburg 233
Hartig/Kurz, Sprache als soz. Kontrolle 543
Haug, Kritik d. Warenästhetik 513
Haug, Bestimmte Negation 607
Haug, Warenästhetik. Beiträge zur Diskussion 657
Hecht, Sieben Studien über Brecht 570
Hegel im Kontext 510
Hegels Philosophie 441
Heinemann, Präsidiale Reden 790
Heinsohn/Knieper, Theorie d. Familienrechts 747
Heller, A., Das Alltagsleben 805
Heinsohn/Knieper, Spielpädagogik 809
Heller, E., Nietzsche 67
Heller, E., Studien zur modernen Literatur 42
Hennicke (Hrsg.), Probleme d. Sozialismus i. d. Übergangsgesellschaften 640
Hennig, Thesen z. dt. Sozial- u. Wirtschaftsgeschichte 662
Hennig, Bürgerliche Gesellschaft 875
Henrich, Hegel im Kontext 510
Herbert, Ein Barbar 2 365
Herbert, Gedichte 88
Hermand, J., Von deutscher Republik 793
Herzen, Die gescheiterte Revolution 842
Hesse, Geheimnisse 52
Hesse, Tractat vom Steppenwolf 84
Hildesheimer, Das Opfer Helena / Monolog 118
Hildesheimer, Interpretationen zu Joyce u. Büchner 297
Hildesheimer, Mozart / Beckett 190
Hildesheimer, Nachtstück 23
Hildesheimer, Herrn Walsers Raben 77
Über Wolfgang Hildesheimer 488
Hirsch, Wiss.-techn. Fortschritt i. d. BRD 437
Hirsch/Leibfried, Wissenschafts- u. Bildungspolitik 480
Hirsch, Staatsapparat u. Reprod. des Kapitals 704
Hobsbawm, Industrie und Empire I 315
Hobsbawm, Industrie und Empire II 316
Hobsbawm, Auf dem Weg zum ›historischen‹ Kompromiß 851
Hochmann, Thesen zu einer Gemeindepsychiatrie 618
Hoffmann-Axthelm, Theorie der künstler. Arbeit 682
Hoffmann, HV. 6Hrsg.), Perspektiven kommunaler Kulturpolitik 718
Hofmann, Universität, Ideologie u. Gesellschaft 261
Hondrich, Theorie der Herrschaft 599
Horn, Dressur oder Erziehung 199
Horn u. a., Gewaltverhältnisse u. d. Ohnmacht d. Kritik 775
Horn (Hrsg.), Gruppendynamik u. ›subjekt. Faktor‹ 538
Hortleder, Gesellschaftsbild d. Ingenieurs 394
Hortleder, Ingenieure in der Industriegesellschaft 663
Horvat, B., Die jugoslaw. Gesellschaft 561
(Horváth) Materialien zu Ödön v. H. 436
Materialien zu H., ›Geschichten aus dem Wienerwald‹ 533
Materialien zu H., ›Glaube Liebe Hoffnung‹ 671
Materialien zu H., ›Kasimir und Karoline‹ 611
Über Ödön v. Horváth 584
Hrabal, Tanzstunden 126

Hrabal, Zuglauf überwacht 256
(Huchel) Über Peter Huchel 647
Huffschmid, Politik des Kapitals 313
Imperialismus und strukturelle Gewalt, hrsg. von D. Senghaas 563
Information über Psychoanalyse 648
Internat. Beziehungen, Probleme der 593
Jacoby, Soziale Amnesie 859
Jaeggi, Literatur und Politik 522
Jahoda u. a., Die Arbeitslosen v. Marienthal 769
Jakobson, Kindersprache 330
Jauß, Literaturgeschichte 418
Johnson, Das dritte Buch über Achim 100
Johnson, Karsch 59
Über Uwe Johnson 405
(Joyce, J.) Materialien zu J., ›Dubliner‹ 357
Joyce, St., Dubliner Tagebuch 216
Jugendkriminalität 325
Kalivoda, Marxismus 373
Kapitalismus, Peripherer, hrsg. von D. Senghaas 652
Kasack, Das unbekannte Ziel 35
Kaschnitz, Beschreibung eines Dorfes 188
Kern/Schumann, Industriearbeit 907
Kino, Theorie des 557
Kipphardt, Hund des Generals 14
Kipphardt, Joel Brand 139
Kipphardt, In Sachen Oppenheimer 64
Kipphardt, Die Soldaten 273
Kipphardt, Stücke I 659
Kipphardt, Stücke II 677
Kirche und Klassenbindung, hrsg. v. Y. Spiegel 709
Kirchheimer, Politik und Verfassung 95
Kirchheimer, Funktionen des Staates u. d. Verfassung 548
Kirchheimer, Von der Weimarer Demokratie 821
Klöckner, Anna 791
Kluge/Negt, Öffentlichkeit und Erfahrung 639
Kluge, Lernprozesse mit tödlichem Ausgang 665
Kluge, Gelegenheitsarbeit einer Sklavin 733
Kluge, Neue Geschichten 819
Knieper, Weltmarkt 828
Kommune i. d. Staatsorganisation 680
Kristeva/Eco/Bachtin u. a., Textsemiotik 796
Über Wolfgang Koeppen 864
Kraiker/Frerichs, Konstitutionsbedingungen 685
Kritische Friedenserziehung 661
Kritische Friedensforschung 478
Kroetz, Drei Stücke 473
Kroetz, Oberösterreich u. a. 707
Kroetz, Vier Stücke 586
Krolow, Ausgewählte Gedichte 24
Krolow, Landschaften für mich 146
Krolow, Schattengefecht 78
Über Karl Krolow 527
Kris, Die ästhetische Illusion 867
Kropotkin, Ideale und Wirklichkeit 762
Kühn, Ausflüge im Fesselballon 656
Kühn, Goldberg-Variationen 795
Kühn, Grenzen des Widerstands 531
Kühn, Unternehmen Rammbock 683
Kühnl/Rilling/Sager, Die NPD 318
Kulturpolitik, Kommunale 718
Kunst, Autonomie der 592
Laermann, u.a., Reise und Utopie 766
Laing, Phänomenologie der Erfahrung 314
Laing/Cooper, Vernunft und Gewalt 574
Laing/Phillipson/Lee, Interpers. Wahrnehmung 499
Landauer, Erkenntnis und Befreiung 818
Leithäuser/Volmerg/Wutka, Entwurf zu einer Empirie 878
Lefebvre, H., Marxismus heute 99
Lefebvre, H., Dialekt. Materialismus 160
Lefebvre, H., Metaphilosophie 734
Lefebvre, Einführung in die Modernität 831
Lehrlingsprotokolle 511
Lehrstück Lukács, hrsg. v. I. Matzur 554
Leithäuser/Heinz, Produktion, Arbeit, Sozialisation 873
Lempert, Berufliche Bildung 699
Lenhardt, Berufliche Weiterbildung 744
Lévi-Strauss, Ende d. Totemismus 128
Liberman, Methoden d. Wirtschaftslenkung im Sozialismus 688
Linhartová, Geschichten 141
Literaturunterricht, Reform 672
Lippe, Bürgerliche Subjektivität 749
Literatur und Literaturtheorie, hrsg. von Hohendahl u. P. Herminghouse 779
Loch/Kernberg u. a., Psychoanalyse im Wandel 881
Lorenz, Sozialgeschichte der Sowjetunion 1 654
Lorenz (Hrsg.), Umwälzung einer Gesellschaft 870
Lorenzer, Kritik d. psychoanalyt. Symbolbegriffs 393
Lorenzer, Gegenstand der Psychoanalyse 572
Lotman, Struktur d. künstler. Textes 582
Lukács, Heller, Márkus u. a., Individuum und Praxis 545
Lyon, Bertolt Brecht und Rudyard Kipling 804
Majakowskij, Wie macht man Verse? 62
Malkowski, Was für ein Morgen 792
Mandel, Marxist. Wirtschaftstheorie, 2 Bände 595/96

Mandel, Der Spätkapitalismus 521
Marcuse, Versuch über die Befreiung 329
Marcuse, H., Konterrevolution u. Revolte 591
Marcuse, Kultur u. Gesellschaft I 101
Marcuse, Kultur u. Gesellschaft II 135
Marcuse, Theorie der Gesellschaft 300
Marcuse, Zeit-Messungen 770
Marx, Die Ethnologischen Exzerpthefte 800
Marxist. Rechtstheorie, Probleme der 729
Marxsche Theorie, Aspekte, I 632
Marxsche Theorie, Aspekte, II 633
Massing, Polit. Soziologie 724
Mattick, Spontaneität und Organisation 735
Mattick, Beiträge zur Kritik des Geldes 723
Matzner, J. (Hrsg.), Lehrstück Lukács 554
Mayer, H., Anmerkungen zu Brecht 143
Mayer, H., Anmerkungen zu Wagner 189
Mayer, H., Das Geschehen u. d. Schweigen 342
Mayer, H., Repräsentant u. Märtyrer 463
Mayer, H., Über Peter Huchel 647
Über Hans Mayer 887
Meier, Begriff ›Demokratie‹ 387
Meschkat/Negt, Gesellschaftsstrukturen 589
Michel, Sprachlose Intelligenz 270
Michels, Polit. Widerstand in den USA 719
Mitbestimmung, Kritik der 358
Mitscherlich, Krankheit als Konflikt I 164
Mitscherlich, Krankheit als Konflikt II 237
Mitscherlich, Unwirtlichkeit unserer Städte 123
Mitscherlich, Freiheit und Unfreiheit i. d. Krankheit 505
Mittelstraß, J. (Hrsg.) Methodologische Probleme 742
Monopol und Staat, hrsg. v. R. Ebbinghausen 674
Moral und Gesellschaft 290
Moser, Repress. Krim.psychiatrie 419
Moser/Künzel, Gespräche mit Eingeschlossenen 375
Moser, Verstehen, Urteilen, Verurteilen 880
Most, Kapital und Arbeit 587
Müller, Die Verdrängung des Ornaments 829
Münchner Räterepublik 178
Mukařovský, Ästhetik 428
Mukařovský, Poetik 230
Napoleoni, Ökonom. Theorien 244
Napoleoni, Ricardo und Marx, hrsg. von Cristina Pennavaja 702
Negt/Kluge, Öffentlichkeit u. Erfahrung 639
Negt/Meschkat, Gesellschaftsstrukturen 589
Negt, Keine Demokratie 812
Neues Hörspiel O-Ton, hrsg. von K. Schöning 705
Neumann-Schönwetter, Psychosexuelle Entwicklung 627
Neumann, Wirtschaft, Staat, Demokratie 892
Nossack, Das Mal u. a. Erzählungen 97
Nossack, Das Testament 117
Nossack, Der Neugierige 45
Nossack, Der Untergang 19
Nossack, Pseudoautobiograph. Glossen 445
Über Hans Erich Nossack 406
Nyssen (Hrsg.), Polytechnik in der BRD? 573
Obaldia, Wind in den Zweigen 159
v. Oertzen, Die soz. Funktion des staatsrechtl. Positivismus 660
Oevermann, Sprache und soz. Herkunft 519
Offe, Strukturprobleme d. kapitalist. Staates 549
Offe, Berufsbildungsreform 761
Olson, Gedichte 112
Ostaijen, Grotesken 202
Parker, Meine Sprache bin ich 728
Peripherer Kapitalismus, hrsg. von D. Senghaas 652
Perspektiven der kommunalen Kulturpolitik, hrsg. v. H. Hoffmann 718
Piscator, Theater der Auseinandersetzung 883
Piton, Anders leben 767
Piven/Cloward, Regulierung der Armut 872
Politik der Subjektivität, hrsg. von Michaela Wunderle
Politzer, Kritik der Grundlagen 893
Poulantzas, Die Krise 888
Pozzoli, Rosa Luxemburg 710
Preuß, Legalität und Pluralismus 626
Price, Ein langes glückl. Leben 120
Probleme d. intern. Beziehungen 593
Probleme d. marxist. Rechtstheorie 729
Probleme d. Sozialismus u. der Übergangsgesellschaften 640
Probleme einer materialist. Staatstheorie, hrsg. v. J. Hirsch 617
Projektarbeit als Lernprozeß 675
Prokop D., Massenkultur u. Spontaneität 679
Prokop U., Weiblicher Lebenszusammenhang 808
Pross, Bildungschancen v. Mädchen 319
Prüß, Kernforschungspolitik i. d. BRD 715
Przybós, Werkzeug aus Licht 908
Psychiatrie, Was ist . . . 708
Psychoanalyse als Sozialwissensch. 454
Psychoanalyse, Information über 648
Psychoanalyse d. weibl. Sexualität 697
Queneau, Mein Freund Pierrot 76
Rajewsky, Arbeitskampfrecht 361
Rammstedt, Soziale Bewegung 844
Reform d. Literaturunterrichts, hrsg. v. H. Brackert / W. Raitz 672

Reichert/Senn, Materialien zu Joyce ›Ein Porträt d. Künstlers‹ 776
Restauration, Determinanten d. westdt. R. 575
Ritsert (Hrsg.), Zur Wissenschaftslogik 754
Ritter, Hegel u. d. Französ. Revolution 114
Ritter-Röhr, D. (Hrsg.) Der Arzt, sein Patient und die Gesellschaft 746
Rocker, Aus d. Memoiren eines dt. Anarchisten 711
Róheim, Psychoanalyse und Anthropologie 839
Rolshausen, Wissenschaft 703
Rossanda, Über Dialektik v. Kontinuität u. Bruch 687
Rossanda/Magri, Der lange Marsch 823
Rottleuthner (Hrsg.), Probleme d. marxist. Rechtstheorie 729
Runge, Bottroper Protokolle 271
Runge, Frauen 359
Runge, Reise nach Rostock 479
Rüpke, Schwangerschaftsabbruch 815
Russell, Probleme d. Philosophie 207
Russell, Wege zur Freiheit 447
Sachs, Das Leiden Israels 51
Sandkühler, Praxis u. Geschichtsbewußtsein 529
Sarraute, Schweigen / Lüge 299
Schäfer/Edelstein/Becker, Probleme d. Schule (Beispiel Odenwaldschule) 496
Schäfer/Nedelmann, CDU-Staat 370
Schedler, Kindertheater 520
Scheugl/Schmidt jr., Eine Subgeschichte d. Films, 2 Bände 471
Schklowskij, Schriften zum Film 174
Schklowskij, Zoo 130
Schlaffer, Der Bürger als Held 624
Schlaffer, Studien zum ästhetischen Historismus 756
Schmidt, Ordnungsfaktor 487
Schmitt, Expressionismus-Debatte 646
Schneider/Kuda, Arbeiterräte 296
Schnurre, Kassiber / Neue Gedichte 94
Scholem, Judentum 414
Schram, Die perman. Revolution i. China 151
Schütze, Rekonstrukt. d. Freiheit 298
Schule und Staat im 18. u. 19. Jh., hrsg. v. K. Hartmann, F. Nyssen, H. Waldeyer 694
Schwarzer (Hrsg.), Frauenarbeit – Frauenbefreiung 637
Sechehaye, Tagebuch einer Schizophrenen 613
Segmente der Unterhaltungsindustrie 651
Senghaas, Rüstung und Materialismus 498
Senghaas, Weltwirtschaftsordnung 856
Setzer, Wahlsystem in england 664
Shaw, Caesar und Cleopatra 102
Shaw, Der Katechismus d. Umstürzlers 75
Siegert, Strukturbedingungen 882
Söll/du Bois-Reymond, Neuköllner Schulbuch, 2 Bände 681
Sohn-Rethel, Geistige u. körperl. Arbeit 555
Sohn-Rethel, Ökonomie u. Klassenstruktur d. dt. Faschismus 630
Sohn-Rethel, Warenform und Denkform 904
Sozialistische Realismuskonzeptionen 701
Spazier/Bopp, Grenzübergänge. Psychotherapie 738
Spiegel (Hrsg.), Kirche u. Klassenbindung 709
Sraffa, Warenproduktion 780
Starnberger Studien 1 877
Sternberger, Bürger 224
Straschek, Handbuch wider das Kino 446
Streik, Theorie und Praxis 385
Strindberg, Ein Traumspiel 25
Struck, Klassenliebe 629
Sweezy, Theorie d. kapitalist. Entwicklung 433
Sweezy/Huberman, Sozialismus in Kuba 426
Szondi, Über eine freie Universität 620
Szondi, Hölderlin-Studien 379
Szondi, Theorie d. mod. Dramas 27
Tagträume vom aufrechten Gang, hrsg. von Arno Münster 920
Tardieu, Imaginäres Museum 131
Technologie und Kapital 598
Teige, Liquidierung der ›Kunst‹ 278
Tibi, Militär u. Sozialismus i. d. Dritten Welt 631
Tiedemann, Studien z. Philosophie Walter Benjamins 644
›Theorie der Avantgarde‹ hrsg. v. W. Martin Lüdke 825
Tohidipur (Hrsg.), Verfassung 822
Toleranz, Kritik der reinen 181
Toulmin, Voraussicht u. Verstehen 292
Tumler, Nachprüfung eines Abschieds 57
Tynjanov, Literar. Kunstmittel 197
Ueding, Glanzvolles Elend. Versuch über Kitsch u. Kolportage 622
Ueding (Hrsg.), Literatur ist Utopie 935
Uspenskij, Poetik der Komposition 673
Vossler, Revolution von 1848 210
Vyskočil, Knochen 211
Walser, Abstecher / Zimmerschlacht 205
Walser, Heimatkunde 269
Walser, Der Schwarze Schwan 90
Walser, Die Gallistl'sche Krankheit 689
Walser, Eiche und Angora 16
Walser, Ein Flugzeug über d. Haus 30
Walser, Kinderspiel 400
Walser, Leseerfahrungen 109
Walser, Lügengeschichten 81

Walser, Überlebensgroß Herr Krott 55
Walser, Wie u. wovon handelt Literatur 642
Walser, Sauspiel mit Materialien, hrsg. von Werner Brändle 913
Über Martin Walser 407
Was ist Psychiatrie?, hrsg. v. F. Basaglia 708
Weber, Über d. Ungleichheit d. Bildungschancen in der BRD 601
Weber, Betty N., Brechts ›Kreidekreis‹ 928
Wehler, Geschichte als Histor. Sozialwissenschaft 650
Weiss, Abschied von den Eltern 85
Weiss, Stücke I 833
Weiss, Stücke II 910
Weiss, Fluchtpunkt 125
Weiss, Gesang v. Lusitanischen Popanz 700
Weiss, Gespräch d. drei Gehenden 7
Weiss, Jean Paul Marat 68
Materialien zu ›Marat/Sade‹ 232
Weiss, Rapporte 2 444
Weiss, Schatten des Körpers 53
Über Peter Weiss 408
Weiss, Alexander, Bericht aus der Klinik 889
Wellek, Konfrontationen 82
Wellershoff, Die Auflösung des Kunstbegriffs 848
Wellmer, Gesellschaftstheorie 335
Wesker, Die Freunde 420
Wesker, Die Küche 542
Wesker, Trilogie 215
Winckler, Studie z. gesellsch. Funktion faschist. Sprache 417
Winckler, Kulturwarenproduktion / Aufsätze z. Literatur- u. Sprachsoziologie 628
Wirth, Kapitalismustheorie in der DDR 562
Witte (Hrsg.), Theorie des Kinos 557
Wittgenstein, Tractatus 12
Wolf, Danke schön 331
Wolf, Fortsetzung des Berichts 378
Wolf, mein Famili 512
Wolf, Pilzer und Pelzer 234
Wolf, Auf der Suche nach Doktor Q. 811
Wolf, Die Gefährlichkeit 845
Über Ror Wolf 559
Wolff/Moore/Marcuse, Kritik d. reinen Toleranz 181
Wuthenow, Muse, Maske, Meduse 897
Zima, Kritik der Literatursoziologie 857
Zimmermann, Vom Nutzen der Literatur 885
Zoll, Der Doppelcharakter der Gewerkschaften 816